景仰賢達
同心同德
科學民主
繼武前行

壬辰夏 韓啓德

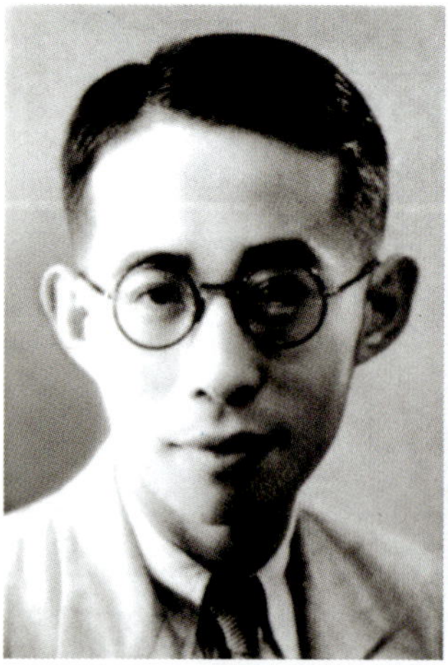

1938 年谢立惠在重庆

1983 年谢立惠工作照

1986 年谢立惠与柯召（前排右二）、王际强（前排右一）等人合影。

1948 年谢立惠与国立女子师范学院学生合影（第二排右七）。

1951 年九三学社重庆分社成立纪念合影（第一排左四）

1955年谢立惠在西南师范学院指导学生物理实验。

1965年11月谢立惠与家人在北京合影（前排左起吴化之、刘迎、谢立惠，后排左起谢慧琼、谢立琦、谢立珩）。

九三学社人物丛书

谢立惠 传

陈义华　郭　祥　著

學苑出版社

图书在版编目（CIP）数据

谢立惠传／陈义华，郭祥著．—北京：学苑出版社，2012.9

（九三学社人物丛书）

ISBN 978-7-5077-4085-1

Ⅰ．①谢…　Ⅱ．①陈…　②郭…　Ⅲ．①谢立惠（1907～1997）－传记　Ⅳ．①K826.16

中国版本图书馆 CIP 数据核字（2012）第 185754 号

责任编辑：方晓喆
封面设计：智行东方
出版发行：学苑出版社
社　　址：北京市丰台区南方庄 2 号院 1 号楼
邮政编码：100079
网　　址：www.book001.com
电子邮箱：xueyuan@public.bta.net.cn
销售电话：010-67675512、67678944、67601101（邮购）
印 刷 厂：高碑店鑫宏源印刷厂
开本尺寸：787×1092　1/32
印　　张：10.25
字　　数：180 千字
版　　次：2012 年 9 月第 1 版
印　　次：2012 年 9 月第 1 次印刷
定　　价：24.00 元

总　序

九三学社是在中共抗日民族统一战线政策影响和感召下，于抗日战争后期成立的，她参与新中国的建立，成为在中国共产党领导下爱国统一战线中八个民主党派之一。在共和国成立以来的60多年里，九三学社始终弘扬爱国、民主、科学的传统，与中国共产党风雨同舟，共同探索中国特色社会主义政治发展道路，在国家建设、改革、发展征途上留下了闪光的足迹。在此历史进程中，九三学社发展成为拥有13万多名社员、组织比较健全、有较强参政能力和较高社会地位的政党。

九三学社走过的历程，是一部无数优秀人物引领广大同仁一往无前、执著追求的奋斗史。抗日战争时期，面对国破家亡、山河破碎，九三学社创始人或多方奔走，参与抗日，或介绍新知，宣传救国。解放战争时期，面对独裁专制、民不聊生，九三学社同仁或大声疾呼民主，反对暴政，或积极主张科学，倡导革新。新中国成立后，面对百废待兴的局面，九三学社同仁和全国人民一起殚精竭虑、奋斗不止。九三学社各个时期旗帜性人物身上体现出的崇高风范和优秀品质，是我社最宝贵的精神财富。回顾九三学社的历史，我们有勇往直前、舍生取义的革命家和社会活动家，有淡泊名利、刻苦钻研的科学家，有不畏权势、追求真理的人文学者，有忍辱负重、甘为人梯的教育工作者……他们共同铸就了九三学社一以贯之的灵魂——爱国、民主、科学，九三学社的优良传统在他们身上得到最好的诠释。

九三学社中央一直重视整理保存社史、发挥社史资政育人的作用，2007 年又启动了以史料抢救和整理为重点、包括七个方面内容的社史工程。几年来，社史工程取得了显著成绩，《社史研究通讯》的编辑出版、社史专题片的拍摄、口述史工作的启动、社史文物收集等各个方面都有不同进展。“九三学社人物丛书”作为社史工程的一项重要内容，经过各方面辛勤的努力，也结出了丰硕的成果，第一批图书已完成了撰写、编辑，即将出版。这套丛书选取九三学社重要创始人、早期著名社员、历任社中央领导，以及在本人所从事领域里取得突出成就的旗帜性人物，力图以翔实的史料和平实的语言再现前辈先哲们曲折丰富的人生历程和绚丽夺目的光辉业绩。我相信，丛书的出版必将激发我社成员和广大读者继承他们的优良传统，体会他们忧国忧民的赤子情怀，感受他们坚毅从容的人格风范，学习他们精益求精的科学精神，为巩固、完善和发展中国共产党领导的多党合作和政治协商基本政治制度，为中华民族的伟大复兴，做出更大贡献。

是为序。

韩启德
2012年8月

目 录

第一章　学涯苦旅

第一节　启蒙

1907年4月23日下午，在安徽省无为县县城一户谢姓人家，一个新的生命呱呱落地了。由于人丁不旺，获知是男丁，早已等候在外的家人皆喜色跃然，奔走相告。半个多月后，闻讯从外地赶回的婴儿父亲谢季翔（家鹄）喜不自禁，他搔头摩手，踌躇良久，方郑重在一张红纸上写下“立惠”二字，取其推排字辈为“立”，望其惠敏聪捷为“惠”。

谢家原本是无为县世家大族、书香人家。谢立惠的祖父30多岁英年早逝，家产被族人逐步侵占蚕食，到他出生时，一家生活主要靠祖母卢氏婆家照应。父辈兄弟四人，长兄家鹏、次兄家鹍都是20多岁去世，老三家鸿、老四家鹄，还有姊妹两人。

卢氏婆家也是无为县世家大族。卢氏识文断字，清末，与芜湖几位思想开明的老先生协商，共同创办了安徽省立第二女子中学，自任女中附属小学校长。谢叔骞（家鸿）早年留学日本，攻读政治法律，后加入同盟会，追随孙中山，成为一名职业革命家。谢季翔早年毕业于南京两江师范学堂，做过30多年的中学生物、化学教师。

谢立惠出生后几年，谢季翔应聘为安徽省立第二女子中学博物教员，三伯父谢叔骞从日本学成回国，工资收入较高，家庭经济状况大大改善。谢立惠5岁时，祖母去世，附属小学校长一职由谢立惠姑母接任。

谢季翔为人忠厚，做事公道，1922年4月曾被推荐为芜湖教职员联合会庶务股负责人。1925年3月18日，北京段祺瑞政府开枪射杀请愿群众，制造了“三一八惨案”，激起全国人民的公愤。为声讨段祺瑞政府，芜湖各界举行了声势浩大的示威游行和市民大会。谢季翔积极参加了这一活动。

1926年5月30日是“五卅惨案”一周年。当天上午9点，芜湖社会各界及安徽省立第二甲种农业学校、安徽省立第五中学、省立第一商业学校、芜湖私立商业职业学校、安徽省立第二女子师范学校、芜湖民生中学等校师生六七百人在县教育会集会，公祭“五卅惨案”

殉难者。活动公推谢季翔为主祭，各校推教职员代表为陪祭。公祭结束后，参会人员举行游行抗议活动。

1927 年 8 月，中共无为特支成立后，在无为初级中学发展了一批党团员。当时该校是全县仅有的一所中学，也是知识分子较为集中的地方。时任校长的金唤狮以封建家长方式统治学校，拉帮结派，排斥、迫害进步师生，禁止学生阅读进步刊物，结伙贪污学校经费，克扣学生伙食款。这帮人的行径引起大家极大的愤慨。为占领初级中学这块阵地，10 月，中共无为特区委（特支）在学校发起了轰动全省的“择师运动”。谢季翔积极参加了这一活动。

在大家的努力下，金唤狮最终以“身染沉疴不能干”、“受人牵制不能干”为托词辞职。随即，特区委通过学校师生推荐进步人士吕惠生[①]当校长，“择师运动”宣告胜利结束。

吕惠生在任上着力改革校政，聘用共产党员葛辰伯、查浩然分任教务、训育主任，刘仿鼎、张太康任职员。作为进步人士，谢季翔等被聘为教员。在他们的影响下，《新青年》、《响导》、《语丝》等传播新思想的刊

① 吕惠生（1901—1945），1941 年 5 月任无为县抗日民主政府县长，次年秋任皖中行署主任，年底加入中国共产党。1945 年 9 月，随皖江行署和新四军第七师北撤，在和县西梁山江面，被原日伪无为县县长胡正纲部逮捕，转至南京六浪桥监狱，11 月遇害。

物，以及《呐喊》、《彷徨》、《女神》、《短裤党》等进步文章在校内广为传阅，进步思想逐步占据了主导地位。

在谢立惠成长的过程中，父亲经常向他提起这些往事，希望他做一名爱国的、正直的、不畏强权的中国人。

由于长房家鹏膝下无儿，由谢氏宗族长者做主，2岁的谢立惠被承祧给时年近40的大伯母，单立门户。

谢立惠乳名“宗宝”，取字“柳民”、“伯坚”。1913年，在他6岁时，父亲在谢氏宗族祠堂开设私塾，专门从祖母卢氏家族中聘请了一位很有学问的前清秀才卢先生为他开蒙，并承担全部费用。与他同时入私塾的还有其他七八名小伙伴，他们只是逢年过节，依家庭经济状况送先生一些节礼，但不强求，也不用缴纳其他费用。进了私塾，谢立惠和伙伴们照例在孔老夫子的牌位前恭立，向孔老夫子和卢先生行三跪九叩礼。先生开讲，主要的内容是当时通行的蒙养教本“三、百、千、千”，即《三字经》、《百家姓》、《千字文》、《千家诗》，还附带《教儿经》、《童蒙须知》之类，在于培养做人道德。

卢先生脾气很古怪，也没有什么教学方法，只是一味要求蒙童们识字写字，对讲授的内容也不讲是什么、为什么，只一味要求死记硬背，背不出来就没有轻重地用戒尺打手心。过了一年多，一半的学童再也不来了。

与其他蒙童相比，谢立惠显然要聪明一些，但也挨了不少打。

有一次，卢先生要谢立惠背诵《教儿经》。《教儿经》有近3000字，其中“甘罗十二为丞相，孙康年幼便成名”，谢立惠背成了“孙康十二为丞相，甘罗年幼便成名”。卢先生认为他是故意的，骂他是不成器的东西，不仅打他的手心，还罚他跪在孔夫子的牌位前悔过。一个多时辰后，谢立惠实在是支撑不住，就大哭大闹。卢先生不依不饶，还脱了他的裤子，用戒尺把屁股都打烂了。谢立惠的母亲听说后，连忙赶到祠堂，反复向卢先生求情，声明回去后一定严加管教，才被放过。

母亲刚刚把谢立惠背回家，放在床上，就被父亲看见了。“你这样宠着他，让卢先生以后怎么教他。师道尊严，你懂不懂？况且人家卢先生也是好意，不打不成才，打了成高人。换一个人，人家才懒得理你呢。”

他母亲辩解：“孩子还小，不懂事，罚一下也就算了，哪有一跪一个多时辰的？你看看，这一躺恐怕也要十天半月，耽误不是更多。”

“老师自有老师的道理，以后这些事你还是少管。”话虽这么说，望着痛苦躺在床上的儿子，谢季翔还是有些犯嘀咕：自己也是老师，可从来没有这样处罚学生。卢先生是自己请的，碍于情面，他不想去理论，而是叮嘱谢立惠，以后还是要用心读书，尊敬老师，不要辜负了卢老师的一片苦心。

两年后，谢季翔偶尔抽查谢立惠的学业，发现他除了能认写几个字，没有学到多少知识。他当即辞退了卢先生，给谢立惠另外聘了一位私塾先生。

这位先生名叫何谦堂①，是谢立惠的表兄。谢季翔在以往的交往中，非常认可他的学识、人品和才华。

何谦堂对谢立惠和其他学童要求比较严格，坐卧、行走、叉手、作揖、着衣、视听等，都要求中规中矩，若有违犯，也是要打手心的，但不常用。尽管有一些内容也要背，但何先生都是反复讲解，让大家先明白道理。讲授内容主要参照1906年清政府学部颁布的《改良私塾章程》，课程与正规小学教堂的设置靠近。讲授内容增加了历史、地理、算术、英语等内容。

除了私塾学习，何先生还安排每日的散步，领着大家春游、秋游，向蒙童介绍一些自然知识，在愉悦中学

---

① 何谦堂　安徽无为县人。1913年毕业于无为县立高等小学。1914年起先后在无为、寿县等地私塾、小学、初中教书，在此时期，同情革命，支持三弟何际堂参加中共地下党工作。1938年任无为凤凰颈稽征处主任，翌年因涉嫌被国民党扣押，不久获释，回无为县中学任教。1941年奔赴皖中抗日民主根据地，先后任皖中行署参议员，无为县参议长，苏皖边区参议员等职。1945年秋，随军北撤苏北、山东、河北等地。1949年南下后，历任合肥二中校长，一中副校长，巢湖师范副校长，合肥师范专科学校副校长。新中国成立后，他曾任安徽省合肥市副市长，第二至四届政协副主席，当选第一至五届全国人大代表，农工民主党合肥市第一届委员会主任委员。1979年8月6日在合肥逝世。

习知识。农忙时，他让蒙童回家干农活，帮助一些病老体弱的人耕种收割，体会农家小户稼耕之苦。

何先生讲授历史、地理，总是结合当时中国的时局。他介绍，自鸦片战争以后，西方列强、日本帝国主义凭借雄厚的经济和军事实力，通过发动战争、强占领土、迫签条约、开辟商埠、建立租界、控制关税、垄断航运以及进行商品、资本输入和输出等多种方式，对中国从政治上加强控制，经济上大肆掠夺，文化上逐步渗透，中国已沦为半殖民地半封建社会。每讲到此，何先生总是捶胸顿足，有时泪流满面。小小的谢立惠似懂非懂，但由此对国家和民族的命运充满了忧虑，对不合理的社会现象十分憎恨，“天下兴亡，匹夫有责”思想已潜移默化于谢立惠灵魂深处。

谢立惠后来回忆：

> 何先生讲中国的苦难现状，也并非全部是讲给我们听的。因为好多东西，我们并不能十分地明白。现在才知道，作为一个忧国忧民的人，当时是很少有人能理解他的感受的。何先生是要找人倾诉内心的愤懑，就只好对我们讲了。

在四五年的时间里，谢立惠跟何先生学了不少东西，书本上的知识他往往能做到举一反三、过目不忘，其他蒙童远远不及。他做人做事讲良心、中规中矩，性格温顺善良，行为端庄大方，何先生对他偏爱有加。

1920 年 2 月，安徽各新式学校开始春季招生。13 岁的谢立惠已到了上中学的年龄，何老师对他的求知欲亦有些力不从心，于是建议谢季翔早拿主意，不要误了谢立惠的前程。当时，没有小学毕业文凭是不能参加中学招考的，私塾是不被社会承认的。所以，当务之急，谢立惠必须首先选择一所正规小学入读毕业。于是，在芜湖第二女子中学任生物、化学教员的谢季翔将儿子接到芜湖。

芜湖有几所正规小学，其中芜湖南岸小学教学质量、社会名气要好一些。在芜湖教育界、社会上都颇有影响的谢季翔找到在南岸小学任教的过去同事和谢立惠的姑姑（二女中附属小学校长）帮忙说情，还请芜湖管教育的科长写了一张便条，南岸小学才勉强同意接收谢立惠入学。

在同事的陪同下，谢季翔父子与校长见面。该校校长姓陶，是留过洋的，态度非常傲慢，他斜着眼睛轻蔑地说："我们这所学校是要面子的，不是什么'阿猫'、'阿狗'都可以进的。丑话我们说到前面，入学要参加笔试，如果成绩不及格，我们是绝不收的，谁说情都没有用。"这话让谢季翔非常难堪，也为儿子捏了一把汗。

7 年的私塾教育，特别是何谦堂的培养，已使谢立惠有了非常扎实的知识积累，但陶校长的话也着实让他发虚。没有了退路，只能一试，而且只能成功，不能失败。

考试是在一间教室里进行的，由讲授国文、历史、地理、算术、英语的教师各出几道题，总分定在100分，要求在两小时内完成。也许是为了显示公平性，参加考试的除了谢立惠，还安排了从其他学校转过来的，或本校需要补考的几名学生，并特地找了一名本校优等生参加，共十余名学生。校长亲自监考。

卷子发下来，谢立惠粗略浏览了一遍，不禁大喜，简直太简单了，都是何先生教过的。不到一个小时，那名优等生和谢立惠一前一后交了卷。看到谢立惠交卷，陶校长轻轻地哼了一声，一脸的不屑："私塾里出来的孩子，这些考题恐怕见都没见过。"他先看了看优等生的答卷，又随手拿起谢立惠的答卷，不一会儿，他频频点头，面露喜色。谢立惠的答卷不仅大部分回答正确，几百字的国文更是一气呵成、酣畅淋漓，其思想性还远在那名优等生之上，其中一些新思想还特别对自己的胃口，"好，很好！"

站在离教室不远处的谢立惠攥着父亲的手，远远看到陶校长脸色的变化，心里已有了八九分把握。

测试成绩出来，谢立惠得了80多分，仅比优等生少几分，总分远在其他几名学生之上。他与父亲都松了一口气。为示庆贺，他们专门到一个小饭馆里点了几个菜，这是父子俩第一次、也是唯一一次下馆子。

按照1912年9月南京临时政府公布的《学校系统令》规定，南岸小学学制为七年。在确定这十余名同学的班级安排时，面对少数教师的质疑，陶校长力排众议，唯一让谢立惠直接插班，进入七年级毕业班学习，以免耽误前程。

在芜湖南岸小学，谢立惠既要适应新的学习环境、教学方式，还要花很多时间和精力，博闻强记，在学习新课程的同时，把过去没有学过的知识学习一遍，以努力适应教学进度。由于他天资聪颖，勤奋好学，很多东西一点就通，且非常重仪表、有礼貌，任课老师也都非常喜欢他，对他的辅导也就格外用心。陶校长经常单独把他叫到办公室进行训导，有时星期天，父亲和姑姑还把他叫过去询问学习情况，对他进行督促。1921年初，谢立惠以优异成绩从芜湖南岸小学毕业。

毕业了，就要报考中学。但具体报哪一所中学，谢季翔一时拿不定主意。陶校长一直以自己是谢立惠师长为荣，他主动找到谢季翔，认为以他的成绩，报考当时全国一流的南京高等师范学校附属中学，应该说是有把握的。他强调，考入这所中学，就基本能够保证谢立惠考上好的大学，以后成就一番事业。报考高师附中，谢季翔父子想都不敢想，但校长的一番话，让他们决定还是要拼一拼。

第二节　南京高师附中的高才生

南京高等师范学校附属中学起源于1902年由两江总督张之洞奏设的三江师范学堂附属中学堂，此后历尽沧桑，曾六迁校址。

1905年更名为两江师范学堂附属中学堂，1917年更为本名，1923年后先后更名为国立东南大学南京高等师范附属中学、国立东南大学附属中学、国立中央大学试验学校。该校以慎聘良师、锐意实验、校风淳朴、善育英才而著称于世。校友中既出过严济慈、巴金等著名学者和作家，也走出过顾作霖[①]等革命先烈。

附中每年录取文科班、理科班新生各40名，总共80名对新生的英语水平要求特别高，而报名参加考试的常在300名以上。为了考入附中，谢季翔督促儿子复习数理化科目，并请第二女中一位英文教师专门给他补习英文。那段时间，谢立惠把自己关在寝室里，记单词、记公式、演算试题，还不断接受父亲的抽查。

经过大半年努力，1921年秋，14岁的谢立惠以优异成绩被附中录取，分在理科班，学制四年（1922年

---

① 顾作霖（1908—1934），原名冬荣，中共早期领导人之一，中央苏区共青团工作的奠基者。1908年1月出生于江苏嘉定（现为上海市嘉定区徐行镇）。1922年夏，考取南京东南大学附中。1926年加入中国共产党。1930年3月任中央苏区中央局委员。1934年5月，因病在红军医院去世。

秋，北洋政府教育部改革中学学制，规定初中、高中各三年。原来初中四年制四年级改为高中一年级）。

附中对教学质量要求非常严格，实行“严进严出”的淘汰制，学习成绩太差的学生中途要被劝退，文科班、理科班总额基本不变，所遗空缺另找优秀报考生插班补充。与谢立惠同班的同学，有好几名被中途劝退。1923年，南京高师附中改名为东南大学附中。学校原来不招女生，妇女界认为存在性别歧视，表示强烈反对。1925年后，学校也开始招一部分女生。

在附中，谢立惠一如既往地刻苦学习，各科成绩始终保持在前三名，对音乐、体育却没有特别兴趣爱好，加之性格内向，被同学们称为“书呆子”。有一次，高中一年级进行小考，时任生物老师的王家楫①看了谢立惠的试卷后非常生气。他把谢立惠叫到办公室，大加训斥：“你考试要守规矩，不要偷看书！这是一个人的人品。”

谢立惠非常委屈：“我没有偷看书呀。”

王老师把他的试卷抽出来，扔给他：“你自己看，你的答案与书上的完全一样！连标点都不差，世上哪有这等事啊？”

---

① 王家楫（1898—1976），中国动物学家，江苏奉贤人，1920年毕业于南京高等师范学校，1924年获国立东南大学农学士学位，1928年获美国宾夕法尼亚大学哲学博士学位，1948年选聘为中央研究院院士，中国科学院水生生物研究所研究员、所长，是中国原生动物学的奠基人。

“我没有看书，答案按照书的内容默写的，现在我还能背诵出来。”随即，谢立惠非常流利地背诵了其中一段。

王老师恍然大悟，连说“对不起，对不起”，同时嘱咐他：“你的记忆力很好，但不要死记硬背、读死书。以后考试只需记书上讲的道理，这才叫学习。”

其实，谢立惠惊人的记忆力与他在私塾里读的六年书有关。在私塾，温习《三字经》一类，要先把内容背下来，再听塾师讲解，这无意间增强了他过目不忘的能力。

附中教务委员会主任由东南大学廖世承[①]教授兼任。虽然是兼任，但廖世承把他的主要精力放在附中。他提倡改革教学方法，敢于大胆试验，如积极推行道尔顿制教学方法，对谢立惠教育思想的形成有很大影响。

所谓道尔顿制，是指1920年，由柏克·赫斯特女士在美国马萨诸塞州的道尔顿中学首创的教学方法，是一种自定步调、自律和自我负责的学习制度，采用弹性制的方法，可以根据学生进度快慢决定学习期限，其重点是因材施教，启发学生的自主能力。1923年，在廖世

① 廖世承（1892—1970），字茂如，上海市嘉定县人。他思想非常进步，“五四”时期，他和陈鹤琴教授合作，与北京的刘廷芳、张耀翔等教授遥相呼应，在高师率先开设了教育测量课程。1935年12月，他曾与王造时、沈钧儒、邹韬奋、张志韩、马相伯、陶行知等文化人士，在上海发起成立了上海文化界救国会。廖先生对师范教育非常有研究，并长期从事师范生教育。抗战时期，廖世承在湖南蓝田创建了国立师范学院。

承的主导下，学校选择初三两个班进行教学方法改革试点，一个班继续按照常规教学法组织教学，另一个班试行道尔顿教学法。

这种实践一开始就受到许多老师的质疑，认为中西方文化背景有差异，在西方成功的，在东方未必就能够成功。中国几千年教育传统，老师“传道、授业、解惑”，学生兢兢业业学习，别无他途，在教学方面搞标新立异是不太可能成功的。

试点开始后，在道尔顿制班，老师先把新课程的内容简单地向学生讲解一下，而后学生自己看书，提出问题，老师再讲解、回答问题。到期末考试，道尔顿制班成绩不好，试验失败了。那些一直持反对意见的老师乘机冷嘲热讽。到下学期，就没有人再提道尔顿制了。

尽管这次教学试点失败了，但学校形成了提倡和推进教学改革的良好氛围，很多老师受到启发，积极研究改进教学、考试方法。谢立惠读高二时，教授世界地理的韦润珊[①]老师总结道尔顿制的失败经验，试行类似教学方法，取得成功，学生成绩大多非常优秀。

---

① 韦润珊　地理学家，浙江省东阳市人。1922年7月，曾参加中华教育改进社第一届年会，提出“地理混合编制”的议案，竺可桢附议，被1923年6月刊布的《新学制课程标准纲要》采纳。《纲要》指出：本科（地理学科）应注重人类生活的全体，所以中外地理的界域，首宜打破；因此采用混合编制，统叫地理。

作为学生，谢立惠赞成教与学有机结合，对试行道尔顿制持支持态度。后来他回忆认为：

> 韦老师试验成功的原因主要有三个：一是讲得比较细、比较透；二是进入高二年级，学生自学能力要强一些；三是地理课程内容容易理解、易于熟记。道尔顿制在考试方面也是成功的，一般期终大考还是按照闭卷考试施行，期中小考大半采取开卷考试形式，减轻了学生的负担。也有需要课外完成的作业，如每门课程学完后，要写学习心得、总结，整理这门课程大纲，这样做大大提高了学生的自学能力。

20世纪20年代初期，在中国文化教育界发生白话文与文言文激烈论争。文言文、白话文是两种在中国古代并存发展的书面语体系，其中文言文占据了数千年的主导地位，直到晚清，白话文运动兴起，并逐渐成为社会文化传播的主要形式。但是，文言文与白话文的优劣之争一直没有停息。

1922年8月，梁启超曾以《中学以上作文教学法》为题，暑期在东南大学讲演。谢立惠非常崇拜梁先生，这次讲演的文稿他曾经看过。梁先生主张："高小以下讲白话文，中学以上讲文言文，有时参讲白话文。做的时候文言白话随意。以为‘辞达而已’，文之好坏，和白话文言无关。现在南北二大学，为文言白话生意见。我以为文章但看内容，只要词能达意，不拘文言白话，万不可有主奴之见。”

这种论争在附中也有所反映。少数国文老师逆潮流而为，要求学生用文言文做作文，理所当然遭到大多数老师和学生的反对。高一国文老师穆济波[1]召集各个班级成绩比较优秀的同学座谈，就文白优劣进行论争，部分老师也主动参与进来。

谢立惠参加了讨论，他比较赞成白话文，认为“白话文运动由‘五四运动’兴起，本身就具有划时代的意义。它能够让知识更多地接近广大劳动者阶层、接近大众生活，更有助于文化的传播与发展，改变文化是少数‘文化人’专利、专有、专用的局面，对于改变愚昧无知的现时代社会形态是积极有益的。如果继续全面、不加选择地使用文言文，无异于画地为牢。”

座谈会还举手表决，结果参与座谈的师生大多数赞成用白话文。表决结果报到校务委员会，学校非常重视

① 穆济波　四川合江县人，早期著名的语文教育家，20 世纪 20 年代活跃于中学语文教育界的知名学者。长期在南京东南大学附中任教。对我国早期语文教育事业的发展，做出过多方面的贡献。在东南大学附中，主持了道尔顿制的实验研究，最终的结论是：道尔顿制与非道尔顿制比较，在国文科，前者并不占优势。

和尊重学生们的意见，并部分采纳了大家的建议。对于校方这种从谏如流、尊重正确意见的做法，谢立惠和其他同学都表示非常欢迎。这是谢立惠第一次接触“民主”的形式。他回忆说：

> 学校采纳学生的意见，是一种民主的体现。以民主的方式解决争议，做出的决定更为合理一些，避免专制和“一言九鼎”，也让大多数人心情舒畅。

为鼓励学生努力学习，附中还积极开展各科目的竞赛活动。1925 年春，学校开展数学竞赛活动，竞赛对象是高中理科班全体同学。为了夺得好成绩，谢立惠做了半个多月的准备工作。竞赛成绩公布，谢立惠名列全校第一名。老师们对他大加赞赏，认为他以高一学生身份在全校荣膺榜首，实属不易，同学们对他更是刮目相看。这次竞赛，学校向他颁发了很多书籍和奖品，让他引为自豪，并在以后回忆中多次提起。

1925 年夏，谢立惠经常感到大脑晕痛。放假后，他回老家无为县看中医，经治疗效果不是很明显，晕痛症状进一步加剧。他父亲非常着急，陪着他到南京鼓楼医院诊治。医生检查后认为，他是用脑过度，平时又缺乏运动，致使脑神经受损。医生开了一些补脑药，并嘱咐他，半年内不能看书和过度思考问题。于是，谢立惠向附中请假，休学 1 年。

在家乡，他经常到野外散步，不敢走快，怕跌倒。服药后症状慢慢减轻，他就到农村亲戚家住几天，呼吸清新空气。到 1926 年二三月份，再到鼓楼医院诊治，检查结果很好。1926 年夏，他才重新开始学习。因为有了这次教训，他不再一味伏案死读书，只要有时间，他都坚持体育锻炼，去打球跑步，注意个人卫生，早睡早起。

1927 年 3 月，北伐军挥师北伐，接近南京，南京市民逃避战乱，城内秩序非常混乱。各大学、中学纷纷放假，以避战事。按照学校安排，谢立惠这一届的同学们提前毕业。3 月 24 日，北伐军何应钦的第一军进入南京。4 月 18 日，以蒋介石为军事委员会主席的南京国民政府在南京正式成立。

第三节　在国立中央大学

1927 年秋，20 岁的谢立惠经过半年精心准备，考入第四中山大学①，不久该校改名为国立中央大学。由于学校频繁更换校名，还曾经引起过师生闹事，向当局

① 1902 年为三江优级师范学堂，1906 年两江师范学堂，1914 年南京高等师范学校，1921 年国立东南大学，1927 年第四中山大学，1927 年国立江苏大学，1928 年国立中央大学，1949 年国立南京大学，1950 年南京大学。

抗议。

谢立惠对这所高校充满感情，他的父亲谢季翔在满清末年毕业于“两江优级师范学堂”博物科，妹妹立珩，弟弟立毅、立文均毕业于中央大学化学系，而他自己从附中，再到中央大学。

母校90周年校庆，由于他年事已高，不能亲赴，很觉歉然。但校园里的田字房、中一院、大操场依然历历在目，附中廖世承主任的训话，汪桂荣、穆济波、陈杰夫等老师的讲课，那声音依旧清新于耳，诸如：陈杰夫老师有口吃，有学生仿“木兰诗”在黑板上写：“唧唧复唧唧，杰夫当教席，不闻讲书声，但闻唧唧唧。”陈老师看后大笑，说：“这是哪个调皮孩子写的，还很

国立中央大学

国立中央大学大门

有才情呢。”当时宿舍的厕所用马桶，有学生在厕所门口贴“用马桶后不盖马桶盖者是大坏蛋”。有学生在第二个马桶后加了一个逗号，意思全变……这类逸事，让他津津乐道，并写《回忆母校与老友》以怀之。

由于1927年上半年的北伐战争，谢立惠高中最后一学期没有读完，苏浙皖一带中学生大多如此，所以中央大学把这一年级学生算作预科学生。中大采用纯学分制，学生每学期平均要学16学分，学满128学分即可毕业。而他们这一年级规定要学满160学分才能毕业，一般要花5年时间学完。预科学生有些课程经过测验审查及格，即可免读给予学分，谢立惠等十多个学生享受了这一待遇，以后每学期多读两三个学分，还是4年就毕业了。少数聪明学生三年半就毕业了，多数人五六年毕业，还有极少数人边学习、边工作，一学期只读几学分，十年八年才毕业。

中央大学有文学院、理学院、工学院、法学院等学院，学院下设系。理学院有数学、物理、化学等系，为便于学生毕业后知识面更广一些，容易找到工作，让学生选择主系、副系。谢立惠先是主系读数学系、辅系物理系，后来感觉到物理比数学应用更广泛一些，在二年级时，他就改为主系读物理系、辅系数学系。主系、副系都有必修课程，还有一定的学分。其余的还有选修课，学什么没有限制，也没有老师辅导，学生乱学，浪费时间，效果也就不太好了。

中央大学承袭着科学精神和人文精神，培育了一代又一代的精英人才，为人类文明与社会进步做出了卓越贡献。这其中，有孜孜以求的科学家，有经国济世的政治家，有广育英才的教育家，也有激扬文字的文学家和才华横溢的艺术家，如陶行知、李四光、竺可桢、徐悲鸿、吴有训、吴健雄、茅以升、罗家伦等。学校的历任校长都非常有名气，仅1930年至1945年，就先后有朱家骅、李四光、罗家伦、顾孟余、蒋介石、顾毓琇任校长。

能够考入这所大学，是当时每一个学子梦寐以求的，却让谢立惠十分为难。那时上大学，费用包括学费、住宿费、伙食费、衣物等生活用品购置费、资料书籍费等，每年至少要银元100多块。谢立惠小学、中学学费是由父亲供给，到他考上大学，兄弟姊妹七人，两个妹妹立琦、立珩和弟弟立毅都在读高中，作为中学教员的谢季翔已不堪重负。谢立惠体谅父亲的困难，他不仅自己要挣钱上学，还要支持弟弟妹妹上学，为他们提供一定的生活费用。为此，他想尽了一切办法，以坚韧的毅力兼工、兼教，赚取学费，同时，刻苦用功，争取以优异成绩获得奖学金。

这一时期是谢立惠求学生涯中最为困难的时期，他身心憔悴。他认为，父母儿女太多，生活压力太大，作为长子，理应为父亲分担一些责任。

安徽人历来重视教育。在安徽历史上，政治家、军事家、科学家、文学艺术家层出不穷，群星灿烂。较为著名的古代有管子、老子、庄子、曹操、朱熹、方苞等，近代如黄宾虹、陈独秀、胡适、陶行知、冯玉祥、王稼祥、邓稼先等。文房四宝宣纸、徽墨、宣笔、歙砚均出自安徽。至清末民初，伴随新文化的蓬勃发展，大量新式人才集聚到上海、南京、杭州等地，安徽的文化教育已大大落后于邻近的江苏、浙江。

1928 年初，安徽省教育厅为鼓励本省籍学子到外省著名大学读书，在当时国内名牌大学（全国不到 10 个）设立了安徽学生奖学金。奖学金在学业成绩特别优异的大学生中评比，文理科各若干名，奖学金每学期 100 银元。在南京中央大学，奖学金名额设立 20 名。安徽省籍学生中，只要每学期总平均成绩优等，就可申请。

作为刻苦读书的安徽人，谢立惠无疑是幸运的。从第二学期起，谢立惠以优等成绩，每学期都能获得 100 银元奖学金，可以较好维持独立生活。

不仅如此，从 1928 年到 1929 年上半年，他还找托关系，在中央大学图书馆谋了一份差事，在阅览室做工读服务生，每天下午 4 点半到 6 点接替正式职员，整理图书，打扫清洁，每月工资 8 元左右。

1929 年、1930 年，立珩、立毅先后高中毕业，考入中央大学，父亲的经济负担进一步加重。

当时，蒋介石政权实际上只控制苏浙皖及华中部分地区，除广东外，各地军阀独占一方，为应付连年混战，军阀们到处拉兵夫。拉兵夫不敢拉学生，怕学生联合闹事，所谓“丘八”（兵）怕“丘九”（学生），包括农村青年人，就去上不需要入学考试的私立中学。

由于生源多，南京城内私立中学也就多起来，教师常常不够，需要兼任教师。中大附近有所五卅中学，校长是谢立惠的同学。

为了替父母分担，补贴弟、妹，谢立惠于1929年秋到1930年夏，在该校兼职任数学教师，每小时薪金8角，每周4至6小时，每月工资近20元，因此，经济状况有了极大的缓解。

1931年7月，24岁的谢立惠从国立中央大学毕业。

第二章　砥砺成金

第一节　革命思想的启蒙人

中国有近五千年的文明史，曾经对世界科技文化事业的发展做出过突出贡献。然而，自 1840 年鸦片战争以后，英、法、日、美、俄等帝国主义列强，先后对中国发动大小数百次侵略战争，中国一步一步由一个封建大国沦为半殖民地半封建国家。在帝国主义、封建主义和官僚资本主义的压迫下，中国人民生活在水深火热之中。无数爱国志士不甘忍受欺凌，他们在黑暗中探索实现中华民族伟大复兴之路。

让谢立惠开始接近爱国进步思想，最先是父亲谢季翔和私塾老师何谦堂的引导。

谢季翔经常向儿子强调个人前途、家庭兴衰是与国家和民族的命运紧紧联系在一起的道理，回忆自己积极参加芜湖各界声援“三一八惨案”示威游行和市民大会、“五卅惨案”殉难者公祭等反帝反封建活动，在芜湖无为初级中学开展的“择师运动”，帮助他树立科学救国的思想，增强学习科学文化知识的自觉性。

何谦堂先生忧国忧民，思想倾向进步。抗战时期，他曾任无为县参议会参议长，为不被敌伪所挟持，一家都搬到乡下，何先生的爱人和一个弟弟都为国捐躯了。他对谢立惠谆谆教诲，教导谢立惠仇视侵略中国的外国列强、压迫劳苦大众的封建强权，好好学习，以过硬本领为拯救国家和民族做一些实实在在的事。

让谢立惠建立科学救国思想，并最终走上革命道路，其重要的启蒙人是谢立惠的三伯父谢叔骞和二舅父卢仲农[①]。

20 世纪 80 年代，谢立惠在成都曾收到一封寄自中央党史研究办公室的调查信。信中说：

---

① 卢仲农（1877–1942），安徽无为人。1903 年任湖南高等学堂数学教习。次年 2 月，会同挚友李光炯在长沙创办“安徽旅湘公学”，聘请著名革命党人黄兴、赵声及张继等任教。年底迁往芜湖，更名为“安徽公学”，聘请陶成章、刘师培、陈独秀、柏文蔚、张伯纯等人执教，使学校成为安徽革命党人的活动基地。1912 年 7 月，安徽公学改名为“安徽省立第二甲种农业学校”，卢仲农仍主校务。他在办学的同时，长期为芜湖《皖江日报》的副刊《皖江新潮》写稿，提倡科学、民主、自由，反对迷信、专制和封建礼教。曾任安徽通志馆编纂。1939 年被选为安徽省临时参议会参议员，任驻会委员。曾提出“檄讨赵鉴书、吴绍礼在无为暴政案”，迫使省主席李品仙分别对县长赵鉴书、省保安第二支队队长吴绍礼做出撤职和追究责任的决定。1942 年病逝于立煌县（今金寨县）。

> 你是安徽无为人，无为县最早参加同盟会的有四个人：谢叔骞、卢仲农、卢伯荪、倪昌遇。其中姓谢的你是否认识，能否写个资料。

谢立惠非常激动，这几个人他在青少年时代就非常熟悉，只是对他们所从事的工作、为辛亥革命所做出的贡献情况知之不多，了解甚少。他回信说：

> 这四位老前辈我都认识，谢叔骞是我的三伯父，卢伯荪、卢仲农是我的舅父，倪昌遇是我姑父的叔父辈。

此后，除倪昌遇，其他三个人，谢立惠就自己所知道的一些情况，各写了一个简要的历史材料。

谢叔骞在青年时代，耳闻目睹帝国主义列强不断侵略中国，而腐败的清政府一味割地赔款，大好河山被鲸吞蚕食，中华民族到了亡国灭种的边缘，愤然寻找推翻清王朝的道路。20世纪初叶，他负笈东瀛，在日本东京早稻田大学攻读政治法律。在校期间，他串联一批志同道合者，商讨中华民族光复大计。学成回国后，他在上海政法大学任教。在学校，他经常向他的学生和周围的同事传播爱国主义与民主革命思想，因而受到当局的迫害，不得不离开政法大学，转而成为一名职业革命家。

当时，新兴资产阶级革命在中国风起云涌。1903年

11月，黄兴建立华兴会；上海成立了以蔡元培为会长的光复会；江苏、四川、福建、江西、安徽等省也都建立了革命团体。1905年8月，应形势发展的需要，由孙中山的兴中会、黄兴与宋教仁等人的华兴会、蔡元培与吴敬恒等人的爱国学社、张继的青年会等组织联合，在日本东京成立中国同盟会，孙中山被推为同盟会总理，确定了“驱除鞑虏，恢复中华，建立民国，平均地权”的革命政纲。同盟会总部设在东京，在国内各省秘密建立了支部，国内外遥相呼应，形成了反抗满清封建专制统治的燎原之势。谢叔骞在上海加入同盟会，并受同盟会总部派遣，秘密潜回安徽省无为县，与卢伯荪、卢仲农、倪昌遇等人成立了同盟会无为县地方组织。

1911年，清王朝被推翻，中华民国成立，但共和体制有形无实。谢叔骞继续追随孙中山，经常往来于上海、广东等地，过着居无定所、困苦艰辛的日子。

1912年3月，李烈钧[①]接任江西都督，谢叔骞、管

① 李烈钧（1882—1946），江西省九江人，中国国民党早期党员。追随孙中山革命，1902年入江西武备学堂。1904年赴日留学。1907年加入同盟会。辛亥革命爆发后，李烈钧被推任江西都督府参谋长、海陆军总司令，迫使北洋海军主要舰艇宣布起义。1912年中华民国成立，被孙中山任命为江西都督。1913年7月12日在江西湖口成立讨袁军总司令部，揭开二次革命的战幕。8月失败后，流亡日本。1917年后任孙中山两次在广州所组政府的总参谋长。辅佐孙中山打败陈炯明。1927年初被蒋介石任命为江西省政府主席，南京国民政府常委兼军事委员会常委。1946年2月20日卒于重庆。

昆南、卢仲农等人奉孙中山令，协助他在稳定社会秩序的同时，将所有行政机构，加以充实整顿，对军政两界人员大加淘汰，将旧有人员更调大半。

1913 年 3 月，宋教仁被暗杀，最终查明袁世凯为元凶。孙中山力主南方各省起兵反袁，发动二次革命，成立广东政府，谢叔骞参与其中。1913 年 4 月，中华民国成立第一届国会（老国会），仿照美国制度，分上下两院：参议院和众议院。参议员、众议员由各省推选，明确总统由参议院推选。谢叔骞代表安徽省被选为参议院议员。

1917 年，身在上海的孙中山组织护法运动（亦称三次革命），号召国会议员一起到广州，召开国会非常会议，组织护法政府，并就职为大元帅，誓师北伐。由于谢叔骞积极响应孙先生的号召，遭到北洋皖系军阀的迫害。在上海、安徽等地，他们发出对谢叔骞的通缉，还在无为县专设保丁，时常注意谢家动向，对谢家进行恐吓。

为了躲避北洋军阀的追捕，谢叔骞住进上海租界，在虹口吴淞路、武昌路一带活动，与孙中山保持联系。当时，英、法、美在上海租界联合建立独立的市政机构

“上海工部局”[1]，建立了警察武装，享有治外法权，是名副其实的国中之国。

这个时候，谢立惠10岁左右。谢叔骞还没有小孩，又不能回无为老家，就将谢立惠和其他亲戚的小孩接到自己身边，聊遣思乡思亲之情。谢立惠到上海去过三次，每次总要住上一两个月。在上海，谢立惠最高兴的就是陪三伯父散步。一路上，三伯父会给他讲自然科学知识，讲做人的道理，还会给他买一些零食。有一次，他们不小心走出租界，三伯父非常警觉地看了看周围：“我们怎么走到这里来了，快，快，马上回租界。”他们一路小跑，等回到住所才松了一口气。

还有一次，他和比他大一岁的表兄在上海逛街。两个从乡下来的孩子，什么都不懂，糊里糊涂钻进了当时属于日本租界的虹口公园，看到里面有许多洋鬼子，有黄头发、红头发、蓝眼睛、绿眼睛……觉得非常有趣。里面还有一些娱乐设施，看到别的小孩玩得很开心，他

① 工部局　即英文 municipal　committee 的中文翻译，意思为市政委员会，是设置于租界的相当于一种行使行政权的机构。因与中国之“工部”类似而名为“工部局”。1853年9月7日，小刀会攻占上海县城以后，中国政府失去对外侨居留地的控制。1854年7月11日，上海租界组成自治的行政机构工部局，开始形成自己的警察、法庭、监狱等一套类似于政府的体系，进行市政建设、治安管理、征收赋税等行政管理活动。其后开辟的租界都仿照上海租界的制度。后来部分租界（如天津）甚至有常规外国军队入驻。工部局在实质上担任了一种租界市政府的角色。

们也过去跟着玩。玩得正起劲，一个外国巡捕冲过来，揪着他们的耳朵，把他们拖出公园，还狠狠地抽了他们几个耳光，指着一个牌子轻蔑地说："两只下贱的'小狗'，你们好好看一看，'华人与狗不得入内'，这也是你们能来的地方？滚远一点，下次别让我再看见你们，否则让你们好受。"

这是在中国人自己的土地上，为什么会这样？受到欺侮，两个孩子感到非常委屈。他们哭着回到家后，将事情的经过告诉三伯父。谢叔骞表情非常沉重，他告诉两个孩子，为什么外国巡捕敢在中国的地方欺负中国人，欺侮中国孩子，为什么敢在中国人的地盘上挂"华人与狗不得入内"的牌子，就是因为日本侵略中国，在虹口公园这一带建立了他们所谓的租界。中国是弱国，日本是强国，弱肉强食，强国就要霸占弱国的土地，欺侮弱国的人民。你们一定要记住这个耻辱。中国人要有一批爱国者，把中国人团结起来，赶走外国列强，铲除军阀。这一批人越多，中国越有希望。

谢叔骞还拿出一本在社会上广为流传的、由美国康涅狄格州的斯托夫人所写的小说《黑奴吁天录》(又名《汤姆叔叔的小屋》)，让他们好好读一读，体会一下做奴隶的痛苦。

谢立惠后来撰文回忆：

里面描写的是非洲被帝国主义灭亡国家和地区的黑人，被白人抢去做奴隶。他们整天从事繁重的劳动，吃的是主人吃剩的不要的东西，穿的是破烂衣服，过着牛马不如的生活。他们的自由被剥夺，受着残酷的虐待，主人要打就打，要杀就杀。我看着这本奴隶的呼吁录，受到极大的震撼，亡国奴真惨啊！中国人绝不能当亡国奴！

谢叔骞与中国新文化运动的旗手陈独秀关系很好，他们在上海合办了《白话报》，提倡白话文，宣传进步思想。谢叔骞过去曾有一些积蓄，大部分都用在办这份报纸上。

陈独秀的夫人高君曼与谢叔骞的夫人柏沁芳关系非常密切。谢叔骞积极参与武装革命和各项准备工作，与近代资产阶级革命者、武昌起义爆发后曾任安徽都督兼民政长的柏文蔚（字烈武）[1]是至交，曾与卢仲农等协助柏文蔚充实整顿安徽所有行政机构。谢叔骞原配何氏，是何谦堂的姑母。何氏早逝，所生子女都夭折。谢叔骞

① 柏文蔚（1876—1947），安徽寿县人。1899 年夏考入求是学堂（后改名安徽大学堂），曾积极从事反清、反袁活动。1924 年，当选为中国国民党中央执行委员，1928 年，当被选为中央军事委员会委员和国民政府委员。四一二政变以后，与蒋介石进行坚决斗争。1947 年，柏文蔚登报声明辞去国民党中央执行委员和国民政府委员等职，以示同蒋介石的独裁统治彻底决裂。1947 年 4 月 26 日，在上海逝世。

在与柏文蔚交往的过程中，认识了柏的妹妹柏沁芳。柏沁芳十分敬佩谢叔骞的人品和才华，继而由柏文蔚牵线，与谢叔骞结为夫妻，生女立瑶、子立璟二人。立瑶、立璟小时叫高君曼“干妈”。1932 年，上海爆发淞沪会战，陈独秀积极声援抗战，谴责蒋介石卖国独裁，被国民党政府逮捕。他被捕后，柏沁芳不避嫌疑，经常陪着高君曼去探监。

谢叔骞对侄子谢立惠非常关爱，并寄予厚望，每期的《白话报》发行后，都要寄给他，让他认真阅读、好好体会。这也是谢立惠以后坚决反对使用文言文的原因之一。

1922 年 4 月，第一次直奉战争爆发，直系曹锟、吴佩孚控制了北京中央政府，提出所谓的“恢复法统”，并于 8 月 1 日恢复老国会。

1923 年 6 月，曹锟[①]为了当上大总统，挤走还没有任满的大总统黎元洪，在北京强行召开参议院会议。为了实现自己的目的，一方面，他采取收买手段，公开宣称投他一票的给银元 5000 元，同时威胁不投他的票就要被逮捕。他还派军警进行监视，不准参议员离开北

---

① 曹锟（1862—1938），出生于天津大沽口，字仲珊，是中华民国初年直系军阀的首领，曾靠贿选而被选举为第五任中华民国大总统。卢沟桥事变后拒绝日本所请出面组织新政府，因其保持了民族气节，被国民政府在 1939 年 12 月追赠为陆军一级上将军衔。

京。一向正直的谢叔骞当然不会甘当“猪仔议员”，9月间，他乔装打扮，冒险潜逃天津，然后乘轮船到广东投奔孙中山。

11月下旬，谢叔骞又从广东返回上海租界。因为连日南北紧张奔波、旅途劳累，他受了风寒，一病不起。正在东南大学附中读书的谢立惠闻讯后，立即与父亲和姑姑赶去上海探视。

在陪伴期间，谢叔骞向谢立惠讲述了自己一生的经历，阐明自己的信仰和许多未竟的事业，要求谢立惠多学一点科学文化知识，努力做一个对国家和民族有贡献的人。

手足情深，他还让谢立惠多多关心立瑶、立璟。此时，立瑶才2岁，立璟刚出生不到1个月。这些话，谢立惠都一一牢记在心，并把立瑶、立璟当作自己的亲妹妹、亲弟弟，带着他们一步步走上了革命道路。

1944年，立瑶毕业于四川省江津县白沙镇国立女子师范学院理化系（抗战胜利后迁到重庆九龙坡），后任重庆大学物理助教和中学教师。新中国成立后，加入中国共产党，曾任重庆西南师范学院附属中学校长多年。

1945年，立璟在重庆大学物理系就读，参加了地下党领导的进步学生社团“晓报社”、“热风社”、“重庆大学抗议美军暴行委员会”，投入反蒋抗美斗争。1946年

2 月，周恩来到重庆大学演讲，他担任安全保卫工作。1947 年 6 月，因参加抗议美军暴行的斗争而被捕，后由地下党营救出狱。1947 年至 1949 年，在地下党领导下，编写“每周文摘”，参加进步社团组织“海风社”、“山雨社”，参加地下党组织发动的以“反饥饿、反迫害，争温饱、争生存”为主题的“四二一学生运动”。1949 年 12 月担任“新青”、“民青”等六个地下党外围组织合并后的总书记，对地下社团进行整顿，为重庆大学建团工作做出了历史贡献。1951 年 1 月，他加入中国共产党，1954 年至 1982 年任重庆大学历届党委委员、重庆大学教务处处长、科研处处长，1982 年任西南师范学院副院长，1983 年任重庆大学学科建设领导小组组长，为重庆大学的发展做出了重要贡献。1989 年离休。

1923 年 12 月 20 日，谢叔骞在上海病故。

卢仲农是谢立惠母亲的二哥，因为青少年时期的谢立惠就表现出超出同龄人的聪明、灵性，一有机会，他就会给谢立惠讲一些革命道理：

> 列强敢欺负我们，要瓜分中国，就是因为我国科学技术异常落后，工业极不发达，没有先进的武器装备，导致国家衰弱。你们年轻人要刻苦读书，只有科技发展了，军事强大了，国家才不受列强的

践踏，中华民族才能不当亡国奴。

谢叔骞和卢仲农的教诲，是谢立惠科技救国思想形成的最早启蒙。在中学、大学时代，谢立惠一心想成为一名爱国救国的科学家，并朝着这个方向做出不懈努力。

1925 年，上海发生了“五卅惨案”，全国各大中城市纷纷罢工罢课，声援上海人民的反帝斗争，从而形成全国性的五卅反帝爱国运动。谢立惠当时没能参加声援“五卅运动”的游行示威，但他非常同情死伤工人的遭遇。在此期间，他与同学们探讨“国家兴亡，匹夫有责”的道理，大家感到，中国大众科学文化水平太低，导致国家贫弱，帝国主义强盗就可以在上海任意屠杀我们的工人……挽救国家的危亡，是每个中华民族子孙的责任，是我们每个青年的责任。他回忆：

> 学校里，学生们的爱国热情被点燃，一些只埋头读书、不关心时局的学生，过去经常被大家嘲笑为“冷血动物”，是不会动怒的，而这一次被嘲笑，就会当作莫大的耻辱，进行极力辩护。

“只有国富兵强，帝国主义才不敢欺侮我们。”这是谢立惠在那个时期报刊上经常看到、在社会上经常提到的言论。

为了实现富国强兵目标，当时一些人提出学习欧美，学习日本，走西方强大之路，走科学救国、教育救国或实业救国之路，学习俄国，开展庶民革命，等等。就社会各方面的纷争，谢立惠有着自己的思考和判断，他认为：

> 这些口号都有一定的道理，亦都有内在联系。我比较多的是赞成科学救国的口号……科学技术发展，工农业生产才能发达，才能造出好的枪炮、坦克、飞机，这些都是欧美、日本富强的经验。

第二节　加入中华自然科学社

1927年9月，在江苏大学（国立中央大学）理学院，几名四川、湖南籍学生秉持“科学救国”的强烈愿望，发起成立了一个社团组织——华西自然科学社。后来，该组织影响不断扩大，部分长江中下游的学生也踊跃参加进来。为避免地域局限，1928年7月，这个组织更名为“中华自然科学社”（以下简称“中社”）。建立“中社”最初的积极分子有杨浪明、郑集、余瑞璜、李秀峰、屈伯传（后改名为屈伯川）、霍秉权、方文培、李锐夫、盛彤笙、李达、赵宗燠等。

当时，西方国家有一些在科学界有影响、有声望的人，为扩大学术交流，组成一些科学团体。“中社”发起人的初衷，就是参照这些团体，把“中社”搞成中国最有权威的，甚至是“超政治”的科学团体，成为中国科学界最具效力的一个组织。因此他们特别注意吸纳科研水平高、学习成绩优秀、有志于推动中国科学事业发展的成员。

按照社员标准，学理科且成绩优秀、对一些政治和社会问题有独到见解的谢立惠自然成为“中社”发展的对象。发起人杨浪明几次找到谢立惠，介绍“中社”的组织状况，谈“中社”的宗旨和今后的发展方向，积极争取他加入组织。

谢立惠从其他同学那里早就知道这个组织的存在。在此之前，还有一个专门出版壁报的组织“极光社”找到他，动员他参加他们的组织。但入社参加了两三次活动后，谢立惠发现极光社的活动虽然多，但大多是讨论如何出壁报，如何写一些粉饰太平、宣扬空泛民主的“政论性”文章，他大失所望，就退出了“极光社”。有了这次经历，谢立惠没有马上答应杨浪明。

在参加“中社”的几次活动、经过一段时间的观察后，谢立惠对这个组织有了较多的了解，认为这个组织的同学大多有理想、有抱负，大家在一起相互学习，在学业上、思想上能够共同提高。于是，在“中社”成立两个多月后，由杨浪明介绍，谢立惠欣然加入，并很快成为骨干。

1927 年至 1931 年，是“中社”奠基时期，社员不过 100 人左右，绝大多数是学生，且以学理科的居多，有少量学工、农、医科的。平时“中社”的活动主要以“科学救国”为主题，在社内组织科学讲演会、座谈会等，也做一些科学普及讲演工作。每年都要召开年会，年会的主要内容是组织科学专题讲演、改选理事。“中社”活动经费由社员缴纳社费维持，每人每年社费大约 4 元钱。“中社”的领导机构是“社务会”，设社长 1 人，理事若干人，具体工作由部分理事担任。中社社员分属数学、物理、化学、生物、地学、心理、工、农、医九个学组，各学组只是对社员业务或学习专长分类，并不单独开展活动，也不设学组领导机构。

谢立惠回忆了那一段经历：

> 那个时期的社内具体工作杨浪明搞得最多，从社的建立到以后十多年期间，他花了很多时间，很大的心力，促进社的组织发展，搞出版社讯和科学普及刊物等，是中华自然科学社建立与发展的最大功臣。
>
> 我亦是中华自然科学社的积极分子之一，曾担

任过社的第二届社长（1929年下半年至1931年）及多届理事。特别是在抗战初期，我在1937年即到重庆大学任教师，生活安定，而广大社员逃难分散，失去联系，以后即以我为联络点（人），社员分散都同我联系。这样，社的组织逐渐恢复建立了。

1937年10月，“中社”随国立中央大学迁到重庆沙坪坝，与重庆大学比邻，总社设在中央大学。谢立惠任组织部主任，在重组和发展壮大“中社”组织方面做了大量工作。以后因有其他任务，组织部主任改由沈其益接任。

1932年至1937年，是“中社”大发展时期。1932年，“中社”在南京建立总社，以后又在国内其他各大中城市建立分社，并以长江流域中下游城市居多。在国外也逐步建立了分社，如在美国就有“美东”、“美西”分社，在英国有“英伦”分社（设在伦敦），在欧洲大陆有“欧陆”分社，设在柏林。到抗日战争前夕，“中社”成员已发展到近900人，成为我国较早的、具有现代意义的、组织严密、在科学界具有较大影响力的重要科学团体之一。

在“中社”的经历，让谢立惠进一步成熟起来。特别是“中社”开展卓有成效的科学普及工作，如出版普及性科技书籍等，做团结科学工作者的工作，对他的触动很大。他总结道：

> “中社”在做团结人的工作方面，成效是显著的，但做科学普及工作，范围窄、受益人不多，有一定的局限性。
>
> 科学普及不同于学校教育、职业教育，而是一种社会教育，是一项社会性的工作、群众性的工作，需要不断努力加以推进的工作，要求通过科技工作者的努力，让科技知识为大多数人所认识、理解，甚至掌握，成为推动社会发展，推动经济建设，推动社会文明进步的动力。

几十年后，作为西南科学工作者联合会常委、西南科学技术普及协会副主席、重庆科联副主席、四川省科学技术协会主席，谢立惠把这一思想贯彻到工作实践中，身体力行，为科学普及做出了重要贡献。

第三节　参加大地社

1928年，对谢立惠而言，是一个不平凡之年，是他的思想和人生实现重大转折的一年。5月3日，日本帝国主义者侵占济南，屠杀国民政府外交部山东交涉员蔡公时[①]等中国军民1万多人，造成了“济南惨案”。

惨案发生后，国民党蒋介石政府满足日本帝国主义的无理要求，压制国内反日运动，并下令保护中国境内的日本人。

得此消息，南京中央大学、金陵大学及一些中学学生义愤填膺，为抗议日本帝国主义的罪恶行径和政府的无耻，纷纷罢课抗议。他们组织了大规模的反日爱国学生运动，大批学生向国民党反动政府请愿，举行游行示威，号召民众起来反抗。

谢立惠与同学汪楚宝[②]、顾衡[③]等都参加了这次运动。顾衡与谢立惠是中学、大学同班同学，到大学时又

---

① 蔡公时（1881—1928），江西九江人。得孙中山资助，赴日本留学，攻读于东京弘文学校，并加入中国同盟会。1904年随黄兴、谭人凤等人入粤，参与钦廉之役，失败后出走越南，后辗转返回江西，任法政学堂教授，秘密进行革命宣传。1913年二次革命失败后，复赴日本，入东京帝国大学政治经济科学习。1928年春，任国民革命军总司令部战地政务委员兼外交处主任，随军北伐。5月1日进驻济南，任国民政府外交部山东交涉员。5月3日被日寇残酷杀害。

② 汪楚宝（1909—1984），字季琦，江苏吴县（苏州）人。16岁在南京东大附中上学时，在党的影响下从事革命活动，后考入南京中央大学土木工程系。1931年加入中国共产党。大学毕业后，在公开职业的掩护下长期从事党的秘密工作和统战工作，曾两次被捕。新中国成立后，先后任上海市工务局副局长，北京中央设计院副院长等职，为我国建筑事业的发展作出了贡献。

③ 顾衡（1909—1934）江苏无锡人，1927年考入中央大学。1929年毅然放弃学业，前往北京寻求救国道路，1930年秋加入了中国共产党，在中共北平市委工作，1931年到安徽太和开展农民运动，1933年夏任中共南京特支书记，1934年8月被捕，同年12月4日在雨花台慷慨就义，时年仅25岁。

同在中央大学理学院学物理、数学，先以数学为主系，后同时改为以物理为主系。在学校，汪楚宝是与他保持紧密联系的同学之一。

汪楚宝、顾衡等几名同学能够主持公道，就一些政治时局和社会现象总能做出非常精辟的说理分析，在学生中享有非常高的威望。在汪楚宝、顾衡的组织下，谢立惠和同学们上街开展宣传演讲活动。演讲的内容是唤起民众，挽救危亡。稿子事先由汪楚宝、顾衡草拟好，发给同学们，几名同学分成一个小组。

“五卅运动”时，谢立惠因病未能参加。这是他第一次参加大的学生运动。他们沿途散传单、贴标语，让市民了解实情，要求抵制日货。为增强宣传效果，他们还组织 10 人一组，分组到公路上宣传。他与汪楚宝一组，由于他口才好，往往由他在群众中演讲，其他同学散发传单。

同胞们，一万多我们同胞的鲜活生命被倭寇残忍夺去，我们却要忍，不能反抗，要冷眼观看。今天的他们难道就不会是明天的我们吗？醒醒吧！

每次讲到这几句话，谢立惠眼泪止不住流下来，听众情绪也都被极大地调动起来。那一段时间，谢立惠非常亢奋，总觉得有一种异样的精神鼓舞着自己、引导着自己，把自己的命运自觉地与国家和民族的命运紧紧地联系在一起。

为阻止学生到下关宣传，南京市政府关闭了下关城门。那时南京有小火车通下关，他们就冒险从小火车通道出城开展宣传。

这场轰轰烈烈的学生运动大约持续了一个月，最终还是被国民党政府军警的刺刀、子弹和监狱镇压下去了。

通过参加这次活动，谢立惠和不少怀着“科学救国”强烈愿望的同学对自己的理想信念产生了怀疑。他们所看到的，虽然打倒了旧军阀，但新的蒋介石中央政府，对内倒行逆施、排斥异己，天天屠杀共产党和革命群众，与阎锡山等新军阀相互征伐、抢夺地盘，以致民不聊生，对外卖国投靠帝国主义。

不仅如此，他们还开放中国市场，做帝国主义的买办，整个中国市场到处充斥洋货，尤以日本货居多。

日本人赚中国人的钱，造子弹杀中国人，抵制日货却被政府视为非法，要被逮捕、起诉，这样的政府难道不是日寇的帮凶吗？

科技能不能救国？怎样才能救国？救国的正确道路到底应该怎样走？这些问题困扰着满腔热血的谢立惠，他感到彷徨无助。

谢立惠在反日爱国学生运动中的表现，顾衡、汪楚宝都看在眼里。1928年下半年，由他们介绍，谢立惠参加中国共产主义青年团的外围组织——“大地社”。在这个组织里，谢立惠了解到，早在1927年，蒋介石发动“四一二反革命政变”大肆屠杀共产党人时，顾衡、汪楚宝就加入了“大地社”。谢立惠回忆：

> 陆续参加大地社的有葛春霖、高警寒、袁翰青、潘渭年（又名潘滨、潘企之，潘梓年之弟）、周同庆、徐宗士、朱葆华、奚景高、吴健（又名吴乃立）、薛愚（又名薛慕四）、段超人（葛春霖之妻）等十余人。这些人主要是来自清华大学、南京中央大学、上海交通大学的学生，且都热爱自然科学。为了救国救民，大家紧紧地团结在一起，每隔半个月到一个月座谈一次。大家在一起学习时事，阅读进步书刊，讨论“学习自然科学的人该不该搞政治”、“哪里是我们共同前进的道路”等当时年轻人所普遍关心的话题，共同提高思想认识。

“大地社”还在少数成员间相互传阅《共产党宣言》、《哥达纲领的批判》、《资本论》等被国民党政府查禁的书籍，但一般不开会讨论。谢立惠也读到一些，对其中的内容只能自己结合时局慢慢地思考。

在顾衡、汪楚宝及其他同志的帮助下，谢立惠逐步认识到，以中国的时局，科学能够推动社会的发展，但不能从根本上解决中国贫困落后的问题。结合自己的转变，谢立惠曾经回忆：

> 在旧中国，有不少科学家为我国科学技术的发展和科学技术人才的培养做过不少的贡献。并且他们在斗争过程中，逐步认识到要发展我国科学技术，必须有一定的条件，社会条件是土壤，科学是花果，要有肥沃的土壤，科学才能开花结果。在旧中国半封建半殖民地的社会条件下，科学技术是很难发展的。因此有不少热爱祖国、热爱科学的科学家，在我们党的领导下，不怕困难，不怕牺牲，在国民党统治区积极地参加反对帝国主义的侵略，反对法西斯统治的爱国民主运动。

1931 年 7 月，谢立惠从中央大学理学院毕业。因为谢立惠成绩优秀，理学院很多教授都非常欣赏他。数学老师余介石①与谢立惠是安徽同乡；余老师与中大实验中学的校长王素芬关系非常密切，由他作保，谢立惠到实验中学做数理教员，且仍住在中大校内宿舍。

---

① 余介石（1901—1968），字竹平，号慰慈，祖籍为安徽省黟县（祁门县），出生在安徽省芜湖市。主要研究数学教育和珠算改革，是中国的著名数学教育家，珠算研究、教育、活动家，科普教育家。

在此期间，谢立惠与时任小学教师的朱传芳（芜湖女中师范部毕业，安徽含山县人）结婚。

1931 年“九一八事变”爆发。面对日寇侵略，全国人民抗日救亡的怒火再一次被点燃。

南京、上海、北京等地的学生联合起来，走上街头散发传单，进行演讲，声讨日寇的侵略，抨击国民政府的不抵抗政策，要求立即出兵抗日。汪楚宝是这次爱国学生运动的主要领导人之一，大地社的成员非常踊跃地参加了这次学生运动。

此后不久，汪楚宝、立珩、立毅都加入了中国共产主义青年团。

事变发生后，《中央日报》罔顾事实，造谣惑众，认为是东北军力量太弱，不足以抵抗日军进攻。“大地社”成员此时已获知事变部分真相，为抗议《中央日报》的无耻，他们与中央大学附中学生冲出学校，直奔《中央日报》馆，砸烂报馆的玻璃和报架，高呼“不准造谣！还我国土！”等口号。谢立惠与立珩、立毅参加了这次活动。

事变以后，由于失地继续扩大，抗议活动不断升级，特别是口号有了大的变化。起初要求政府出兵抗日，要求蒋介石国民政府明确提出出兵日期。到 12 月，东北全部沦陷，北平受到威胁，而政府依旧毫不作为，反而打压学生，游行示威口号变成了“反对政府出卖东三省”，“打倒卖国政府”。国民政府恼羞成怒，不仅禁止示威游行，还逮捕学生运动积极分子。

1932 年 1 月，立毅被捕，后找人保释出来。立珩、立毅因在运动中表现积极，被中央大学开除了学籍。立珩听到风声后，离开学校，不久加入中国共产党，到上海第一工厂做工人，做工人运动工作。立毅改学航海。

按照政府训令，中小学生不得参加游行示威，否则追究校长责任。事变发生后的第三天，在政府的高压下，南京中小学照常上课。在实验中学，谢立惠对学生们悲愤地说：

> 日本帝国主义者要灭亡我们的祖国，而政府却不抵抗，把东北千里大好河山拱手送给了日寇。我国正在危急存亡之秋，我们不要做亡国奴，要觉醒……

很多学生听了后，伤心哭泣。这件事震动了全校，也让学校当权者惊慌失措。他们对谢立惠的言行非常不满。那时，中学教员每学期由学校下聘书，确定是否聘用。1932 年 1 月，没有得到聘书的谢立惠不得不离开了实验中学。

血腥的事实，教育了中国许多爱国热血青年，痛定思痛，他们对国民党反动派已完全绝望，依靠谁来领导中国革命、领导中华民族抗日救亡运动，成为大家迷茫中的思考。

在顾衡、汪楚宝等大地社同志的帮助下，经过抗日救亡爱国学生运动的洗礼，谢立惠的思想逐步转变。此后，通过汪楚宝，他阅读了《共产党宣言》等书籍，慢慢的，他认清了国民党政府反人民、反革命本质，并最终认识到只有革命才能救中国，只有共产党才能救中国。

第三章 铁肩道义

第一节 加入中国共产党

1932 年 1 月，谢立惠接到了安徽省立第六女子中学的聘书。

第六女中的老师以中央大学毕业的安徽人居多，校长叶伟珍就是合肥人。叶伟珍和教务主任王气钟与谢立惠是南京高等师范学校附属中学的同学，在中央大学分属不同专业，对其人品、学识非常认可。谢立惠正好是安徽人，聘任他也是尽乡谊、同学之谊。

谢立惠非常感谢叶、王的知遇之恩。在第六女中，他任数理化教员，教学勤奋，注重摸索方法，效果很快就显现出来。他成为教学骨干，在学生中树立了威信。

1932 年 1 月 28 日，“一·二八”事变爆发。谢立惠从报纸上了解到，南京爆发了声援十九路军的学生运动，国民政府对学生进行了残酷镇压，并大肆抓捕为首者。不几天传来消息，立毅被抓捕，顾衡等大地社的同志大多疏散了。

2月初的一天傍晚，谢立惠正在看报休息。门房通报，他的一个叫顾孟方的亲戚来找他，谢立惠感到有些莫名其妙，在学校，还从来没有一个亲戚找过自己。因为是女子中学，学校门房一般对进出校门的人问得非常仔细，并由受访人带走。谢立惠快到学校大门时，一个戴墨镜、穿长衫人老远就打招呼："立惠，真是的，到合肥也不跟我们说一声，打听了好多人，才知道你在这里。你妈非常想你，让我来看看你，让你给她写一封信。"来人是顾衡，他已化名顾孟方。谢立惠喜出望外，急忙把他迎到寝室。

顾衡向谢立惠说了"一·二八"事变的一些情况，特别介绍蔡廷锴、蒋光鼐以中国共产党领导的工农红军坚韧的战斗精神，启发十九路军军官，激励士兵的抗战精神。听了介绍，谢立惠非常振奋，认为军队如果都像十九路军，中国就有希望了。他还向顾衡打听中国共产党和中国工农红军的情况，表示出对共产党命运的担忧。

在探明谢立惠的政治态度后，顾衡沉痛地说："由于国民党的破坏，合肥中共党的地下组织遭受巨大损失，有很多同志被捕牺牲。现在迫切需要重建党组织，党组织这次派我来，就是想在合肥建立秘密交通联络点，希望你能够承担这个任务。”

谢立惠激动地问：“你是共产党？”顾衡点了点头，并告诉他，自己是皖中地下党的领导成员。

在当时严酷的政治环境下，顾衡承认自己是共产党，并直接向自己布置党的工作，这是一种非常难得的信任。谢立惠当即表示：“我愿意为中国共产党工作。我来帮助你们建立这个交通联络点，同时希望你能介绍我加入党组织。”

20世纪30年代，整个中国都处在由国民党政府及其军警特务罗织的白色恐怖之中，中国共产党领导的中国革命处于低潮。在合肥，抓捕政治犯的车辆在街头时时尖啸而过，革命者的头颅经常被挂在城墙头示众。加入中国共产党，就意味提着脑袋，时时有生命危险。

对谢立惠的表白，顾衡微笑着说：“我们找你建联络点，是因为我了解你，也是经过党组织慎重考虑过的，你的教师身份是一个非常好的掩护。你现在就是我们的同志了，谢立惠同志。”他紧紧握住谢立惠的手，“并不是因为做一两件事，就符合党员的标准。你要加入中国共产党，首先必须思想上不断提高、不断进步，要勇于牺牲自己，多为党做一些工作。在现阶段，我们要打倒帝国主义，推翻一切反动政权，为中国人民的自由解放而斗争。以后，还要以实现全人类的自由解放为己任，努力奋斗。”

对顾衡的话，谢立惠似懂非懂，但感觉到这些目标与自己的理想和抱负非常接近，自己不就是想铲除一切不合理的制度，让中国强大起来，让中华民族不再受反动派、受外国列强的欺侮，让科学更好地服务于国家、服务于民族吗？！

顾衡向谢立惠布置了两项任务：

一是作为合肥城内党的一个联络点。作为联络点，主要是接收上下级秘密文件，然后进行传递。在合肥城周围，只有城内才有邮政局，农村没有，上级的指示或党的文件有时要传送到很远的地方。这些秘密文件就由谢立惠负责中转或直接转交。再就是保存党的宣传品。

二是搞好宣传和组织发展工作。要在学生中秘密传播反帝反封建的爱国主义思想，揭露国民党政府对中国共产党的歪曲、造谣、污蔑。要在学生中发现和培养进步学生，把他们组织起来，在条件成熟时发展为党员。

顾衡还谈到党的地下工作纪律，确定了联络方式，明确任何时候都不能过问联络人的姓名、职业等情况。来取信的人，就是你的领导。同时，告诫他，要重视、善于做好学生的工作。作为老师，首先要把课教好，与学生打成一片，学生们才会敬重你、爱戴你，才能真正信任你。

三个多小时后，谈话结束，谢立惠把顾衡送了很远。分手时，两人紧握双手，互道珍重。没想到这竟是他们最后的诀别。两年后，顾衡同志不幸被捕，在南京雨花台慷慨就义。

过了很久，来了一位姓张的同志向他转交了一封信。谢立惠拆开信，是非常熟悉的顾衡的笔迹。顾衡告诉他，自己将调到中共南京地下党工作，今后由张同志与他单线联系。

随即，张同志烧了那封信，而后向谢立惠介绍了一些对敌工作方法，强调要提高警惕，搞好联络宣传、组织发展工作，同时强调工作中可能出现紧急情况并交代了处理办法。在交谈时，谢立惠再次向张同志提出入党申请。张同志解释：党组织考验一个人是需要时间、有一个过程的，一旦条件成熟，组织自会考虑。你只要做好工作就行了。

他还分两次拿了几本进步书刊，让谢立惠好好读一下。谢立惠清楚地记得，那些书的封面都是经过特殊处理的，如《资本主义的危机与世界共产主义运动的任务》的封面是《风草》，《武装暴动概要》的封面是《文字学教育概要》，等等。每次一两本，看完后马上收回或销毁。

这些书籍对于谢立惠提高对共产主义、对共产党的认识发挥了非常重要的作用。

他反思自己，过去想的是正直善良，老老实实地过好自己的小日子，想的是多学一点科学文化知识报效国家，想得深一点，就是现政权不得民心，但到底建立一个什么样的政权？建立一个怎样的社会？

通过阅读这些书籍，他体会到，马克思、恩格斯所创造的理论具有系统性、科学性，虽然来源于欧洲，却对中国人民反抗侵略、反对剥削、争取自由民主有极大的启发意义。他所认识的中国共产党人，目标明确、意志坚定，追求真理、不怕牺牲。在他们的领导下，书中所提到的没有剥削、没有压迫，人人有饭吃、人人有事做的社会主义、共产主义的目标是一定能够实现的。在中国，共产党的追求是代表劳苦大众的、社会发展的唯一正确方向。能够为这样一个组织工作，与中国共产党人为伍，谢立惠感到非常光荣。

第三次见到张同志，谢立惠认为自己的条件与共产党员的标准确实差得太远，就没再提加入党组织的要求，而是非常迫切地提出，能不能再分配一些工作。

捕捉到谢立惠思想上的转变，张同志非常高兴。他要求谢立惠利用自己在学校的便利，起草宣传稿，刻写宣传品。

起草宣传稿需要大量的材料。在白色恐怖的国民党统治区，能够得到的党的文件非常少，即使传到手里，很多已经过时。为丰富宣传内容，谢立惠必须想方设法了解时局、掌握最新政治动态。合肥属内陆城市，消息闭塞，报纸很少，且发行严重滞后，一般南京、上海印刷的报纸，要五六天才能送到合肥。当时，南京已有国民党中央广播电台及其他商业广播电台，如果从广播电台收听信息，就要快捷得多。为较好地完成组织交给的工作，在中央大学学过无线电知识的谢立惠马上想到这一点。

由于旧中国工业落后，国内当时还没有一家收音机生产厂家，外国收音机高级的买不起，差点的只能收到国民党中央台，最好的办法就是自己组装。说干就干。他一面查找有关资料，一面采购零配件，进行组装测试，仅一个多月，一台较为简单的收音机就问世了。

在使用过程中，他发现，收音机收到的信号太少，内容与报纸上的差不多，于是，他又几次对收音机进行拆卸、组装调试，反复试验，最后成型的收音机已能接收多个电台的信号，并由此掌握了大量的信息，为起草宣传稿提供了素材。

通过这一过程，他的无线电理论水平和实践能力大大提高。为了更有利于与上级取得联系，他试着组装小功率发报机，想学发报。张同志得知后，非常赞赏他的能力和勇气，但告诫他，收发报很容易被监测到，时机也不成熟，党需要时，一定会让他开展这方面的工作。

宣传品起草完后，谢立惠还要用蜡纸刻写，而后交给其他人去印。给学生出考题，写补充讲义，他经常要刻写蜡纸，所以学校没有任何人注意到他。1933 年，他还按要求，组织少数进步学生，以学校的名义秘密采购了大量的文具、纸张、蜡纸、油墨及其他宣传用品，转交给党组织。

张同志联系谢立惠三四次后，换了一位姓凌的同志（中共合肥中心县委宣传部部长凌生）。与凌经常结伴来的还有一位农民装束的同志，非常机警，从不说话。谢立惠与张、凌两同志直接联系，并在他们直接领导下开展工作。凌同志与他联系的时间最长，大约一年左右。以后还有姓黄的同志来联系。

他们到学校大多以谢立惠同乡、亲戚身份，或看望谢立惠，或借钱还钱，联系的时间不固定，间隔有时几天，有时一两周。传递的文件绝大多数是从别的地方邮寄过来，由张、凌、黄亲自来拿，有一两次是交给以暗号取得联系的同志，但不在校内。

文件传递的方法很多，但绝大多数是用隐形墨水把文件内容随意写在书信的空行里，或者写在书刊某页的空白处，然后把书信或书刊以普通邮寄方式寄出。当时最普遍的是用稀米汤把文件写在白纸上，晾干后看不出任何痕迹。收件人收到书信、书刊后，以棉球蘸碘酒在约定的地方一涂，因稀米汤含有淀粉，立刻显现出蓝色字体。

为了进一步增强文件的保密性，谢立惠运用自己掌握的化学知识，积极摸索一些新的保密方法。他用酚酞稀溶液写在白纸上，干了完全看不出痕迹。收件人在纸上用稀碱溶液涂抹，马上显示出红字，再用稀酸溶液一抹，字又消失了。他还用氯化钴溶液写字，收件人只要烘热一下，纸上马上显现蓝字。谢立惠因此几次受到地下党组织和凌同志的表扬。

谢立惠的寝室经常有老师和学生光顾，宣传品存放极不安全。在学校，作为物理课老师，他经常要用到一间物理试验仪表器材储藏室，门钥匙由他保管。为稳妥起见，他把一些破旧、损坏的物理仪器拆开，将宣传品藏在里面，在仪器上面再撒一层灰，看上去好像很久没用。做这些工作，谢立惠非常细心，因为留下任何破绽，都可能是致命的。

工作之初，安徽省委给合肥县委一项重要指示以书信方式寄到他这里。为了证实自己所从事工作的重要性，他偷看了信的内容。凌同志知道后，对他进行了严肃批评。不久，顾衡也捎来口信，要求他绝对遵守党的纪律。

自此，他时刻严格要求自己，没有再犯类似错误。

1932年秋季的一天，凌同志来到学校，他神情庄重地告诉谢立惠："立惠同志，经过半年的考察，上级党组织已批准你加入中国共产党，你的入党介绍人是顾衡同志。"

谢立惠心情非常激动，他紧握着凌同志的手说："感谢党的信任，我终于找到家了，终于有了归宿。"

"逮住了可是要杀头哟！"凌同志略带风趣地说。

"不怕！凌同志，我向党起誓，我愿意为党、为共产主义事业奋斗终生，不怕牺牲，永不叛党，永不退缩！"谢立惠态度非常坚定。

当晚，谢立惠彻夜未眠。他想到了自己的父亲，想到三伯父、二舅父，还有何先生，想到了一同参加爱国学生运动、发起成立中华自然科学社、参加大地社的那些同学，他们一定会为自己这一选择感到骄傲、自豪。他暗下决心，一定要加倍努力，为党多做一些工作，努力做一名合格的共产主义战士。

当然，谢立惠也想到了牺牲，想到凌同志提到杀头时，那种幽默、坦然、风趣的神态。当时，报上经常有共产党人被捕牺牲的消息，也登一些人变节投降具结悔过书、脱离中共声明。他想，如果有一天不幸被捕，怎么办？投降当软骨头，自己一直不齿于这种人。人终有一死，为主义、为理想，何惧一死。要死，就一定要抱持信仰，慷慨赴死。

这期间，谢立惠生活非常拮据，要偿还读书所借的钱，负担家庭开支，帮助弟、妹完成学业。但是，由于顾衡同志是职业革命者，没有正当收入，所以每次见到党的同志，谢立惠都要拿出一部分钱，让同志们捎给他。

第二节　组织“朝曦读书会”

按顾衡同志的要求，为隐蔽好身份，谢立惠在教学方面兢兢业业。他同时教五六个班的不同课程，接触很多同学，待她们和蔼可亲。同学们也逐渐认可他，愿意找他倾诉烦恼。在不长时间里，他在教职工、学生中建立了较好的感情基础。

只要有机会，谢立惠就会向同学们介绍“九一八”、“一·二八”事变后的中国政治形势，指出日本帝国主义侵略中国，正一步步地灭亡中国，妄想让中国人民做亡国奴。什么是亡国奴？他回忆小时与表兄在上海虹口公园的遭遇，引发大家的共鸣。

他向学生讲述了在南京参加反帝、反投降爱国学生运动的亲身经历，揭露国民党政权对日本帝国主义的侵略步步退让，对内却残酷镇压革命、不许人民抗日的反动政策和无耻事实，引导大家关心时局，强调作为一个堂堂正正的中国人，要有强烈正义感和爱国心。

他还与同学们交流妇女解放的问题，提出男女要平等，妇女要自由、自主，要勇于反抗家庭的压迫等等。

与谢立惠接触比较多的，有李静一、蔡柏等同学。在谢立惠的引导下，她们的思想有了明显的进步，并积极帮助谢立惠做联系学生的工作。

“九一八事变”后，中国共产党发出“在东北发动民众武装反日、收复失地”的号召，并派出一批共产党员和爱国人士到东北各地开展抗日武装斗争。东北各阶层民众和爱国官兵也纷纷组织“义勇军”、“救国军”、“自卫军”等抗日武装，奋起抵抗日寇侵略。这些抗日武装组成东北义勇军。他们的义举极大地振奋了全国人民。

在谢立惠的引导下，李静一、蔡柏等进步学生就东北抗日形势进行讨论。大家认为，作为学生，响应东北义勇军的义举，就要认真学习，具备较好的本领，将来好报效国家。同时，大家感到这种讨论方式非常好，针对一个课题，可以明白地说出各自的想法，共同讨论。

面对强敌外侮、政府腐败、山河破碎、生灵涂炭，当时，国内一些大中学校学生时兴自发组织团体，讨论国事，各抒见解。1932 年 9 月的一天，李静一、蔡柏找到谢立惠，提出成立一个组织，希望他给予指导。把那些比较进步和要求进步的学生组织起来，谢立惠与她们的想法不谋而合，当即欣然表示同意。

教导主任王气钟与谢立惠的私交不错，言谈中对当局投降政策颇为不满。按照谢立惠的意见，李静一、蔡柏也邀请他参加，但被王气钟婉拒了。原本谢立惠想通过这种形式试探一下王气钟，如果可能，就进一步引导，把他吸收到党组织，有利于在学校开展工作。

王气钟虽然没有参加，但对学生们成立读书会表示赞成和宽容，并为读书会取名为“朝曦”。取名“朝曦读书会”，就是勉励会员珍惜青春时光，互相学习，共同进步之意。他的态度对读书会起到非常好的掩护作用。

“朝曦读书会”成立之初，仅是一般的群众性组织。读书会经常开展的活动是每周召开学习座谈会，大家在一起阅读书刊，交流学习心得，讨论时局和妇女问题。每次座谈会，谢立惠提前与“朝曦读书会”的积极分子李静一、蔡柏、叶素兰、鲍有苏等研究，确定要讨论的主题，并提供主要论点论据。按照谢立惠的要求，会员要主动接触一些同学，宣传抗日救国和反对封建传统的思想，以不断扩大影响。不久，读书会开始讨论“中国社会将往何处去”一类的严肃的政治问题，具备了一定的政治性、进步性。

谢立惠不失时机地与读书会的积极分子进行个别谈

话，就一些不便公开讨论的内容与她们交流看法，逐步引导她们提高认识、认清形势，不要对蒋介石反动政权抱有任何幻想，要坚信只有共产党才能救中国，才能使中国人民从帝国主义、封建主义、官僚资本主义的压迫中解放出来，使妇女实现真正解放。共产党力量现在太弱，但有正确的主义，代表民众的利益，会慢慢得到人民的广泛拥护，逐渐强大起来的。

在谢立惠的倡导下，读书会制定了行动公约，对会员的行为举止做了一些要求，如不抹粉、不搽胭脂，服装要朴素，行动要大方，婚姻要自由，有苦难要互相支持帮助，特别强调要宣传抗日救国的思想，等等。这些近乎苛刻的要求，会里的学生都做到了。

1932 年 9 月初，共青团合肥中心县委宣传部部长张绪东叛变，中共合肥中心县委机关遭到了严重破坏，县委书记程道福（又名程明远）等 23 人先后被捕，大部分同志很快英勇就义。一时间，白色恐怖笼罩在整个合肥地区。很长一段时间，凌同志没有出现，谢立惠非常焦虑。

一天深夜，凌同志终于来了。他翻过学校围墙找到谢立惠，告诉他，困难和黑暗是暂时的，不要灰心，他的主要任务是保存党的这个秘密联络点，并随时准备撤离。

借此机会，谢立惠向他介绍了朝曦读书会成立的情况，并请示下一步工作。凌同志强调，参与朝曦读书会的活动一定要谨慎，既要帮助学生掌握政治上的主动权，又不能暴露自己的身份，要积极参与到读书会的组织工作中，争取将来把读书会办成党的外围组织。他还强调，组织发展工作一定要慎之再慎，人不求多，但求忠诚可靠，加入读书会的人都要认真观察，只有思想成熟进步的才能吸收进来。

按照党的要求，谢立惠更加机警地指导读书会，慎重、有选择地扩大组织，成员先后有李静一、蔡柏、韩同华、鲍有苏、叶素兰、兰健、蔡善英、蔡善纯、袁玉英、王泽惠、朱子扬、完义珍等十余人。

在他的教育和帮助下，多数成员的思想进步比较快，李静一、鲍有苏等学生流露出加入中国共产党组织的迫切愿望。

见时机成熟，1932 年冬，谢立惠正式向党组织和凌同志汇报，朝曦读书会作为党的外围组织条件已经成熟。

他还建议在其中发展一两个同学加入党组织，作为自己的帮手，以便于开展工作，并郑重推荐李静一、鲍有苏，认为她们对共产主义有了较好认识，忠诚可靠，且活动能力强、勇敢而细心，符合党的地下工作者要求。其中，鲍有苏于 1931 年曾参加过“反帝大同盟”，表面上孩子气较重，更有利于隐蔽。

在谢立惠的安排下，凌同志对李静一进行了面对面考察。1932年底，凌同志告诉谢立惠，经过党组织研究，已批准李静一加入中共，并做谢立惠秘密联络工作的助手。不久，鲍有苏也被批准加入中共。

在谢立惠的精心指导下，蔡柏、兰健、叶素兰等也相继成为培养发展对象。谢立惠担任地下党秘密联络员工作的事，除李静一外，读书会的其他同学都不知道，连加入中共的鲍有苏也未被告知。李静一除帮助谢立惠从事秘密联络工作外，还同鲍有苏及其他会员承担宣传进步思想、散发宣传品等工作。

朝曦读书会组织工作无疑是非常成功的。抗日战争时期，读书会多数成员参加了革命。

新中国成立后，李静一同志曾任上海第一医学院党委副书记、副院长、上海市妇联副主任，蔡柏同志曾任辽宁省政协常委，鲍有苏同志曾任南京师范学院党委副书记，兰健同志曾任北京工学院副院长。

蔡柏同志后来在《冒着被捕与杀头的危险》（下同）一文中回忆：

> 他是一位学识渊博、教学有方、平易近人、诲人不倦的进步教师，他利用各种机会，启发我们去探求革命真理，培养我们热爱中华民族，热爱祖国

的信念。我在“朝曦读书会”中受到党的教育和培养，从此走上了革命的道路。

直到20世纪70年代初期，一次非常偶然的机会，蔡柏认识了“张同志”张如屏，才知道谢立惠当时的真实身份——中共地下党员。

第三节　与党失去联系

1934年4月，中共地下党与谢立惠联系的同志突然不来了。由于不知道张、凌、黄等同志的名字，以暗号联系的连姓都不知道，谢立惠、李静一、鲍有荪与党组织失去了联系。谢立惠曾专门派李静一到上海寻找党组织，没有结果。这一段时间，谢立惠非常苦闷。

时值安徽省教育厅改组，新任厅长叫杨廉，虽名廉，却是一个十足的见利忘义之徒，抗战爆发后，安徽省政府向后方撤退，他趁乱将20万元教育经费私吞，投到芜湖做大米生意。芜湖沦陷，粮食全部资敌。他上任后，对教育厅所属中学进行调整和改组。第六女子中学更名为庐州女子初级中学（合肥古称庐州），第六女中的高中部划归庐州师范学校。叶伟珍、王气钟同时被免职。

他这样做，目的只有一个，更换中学校长。每个学校的校长待价而沽，从而中饱私囊。

新任校长实行“一朝天子一朝臣”。教员聘书照例在每学期放假前由校长发给，没有聘书就得另谋职业。1934年7月，谢立惠最终没有等来聘书，却等来一名交通员带来的顾衡同志的紧急指令，要求他马上离开合肥，越快越好。

情急之中，谢立惠想到了中大同学、中华自然科学社的同仁杨浪明[1]。杨浪明与梧州广西大学物理系主任谢厚藩[2]是同乡。1933年夏，谢厚藩曾找到杨浪明，请他帮忙介绍几个高水平物理专业的老师到广西大学任教。杨浪明自然想到了谢立惠。由于要开展党的工作，

---

① 杨浪明　湖南长沙人，1929年毕业于东南大学生物系。曾任南京国立编译馆编译员、西北农学院讲师、同济大学副教授。1947年至1949年留学美国明尼苏达大学医学院，历任兰州医学院教授、生理教研室主任，中国动物学会甘肃分会理事长。对卵巢内分泌和针灸机制有研究，著有《生理生化学》、《生理学提纲》等，撰有《膀胱膨胀引起膀胱经穴电位改变的机制》等论文。

② 谢厚藩（1887—1953），1905年自费赴日本留学，1913年公费入英国伯明翰大学，获硕士学位，回国后曾任教长沙高等工业专门学校（湖大前身），当选为湖南省议会议员，任职湘西财务总理处长、湘西汽车路局总务处长。1928年后，弃政从教，先后担任东北大学、北洋大学、广西大学、广东襄勤大学、桂林师院、湖南大学教授，广西大学物理系主任，理工学院院长。1948年，在广西为营救杨荣国教授出狱被解聘。1949年4月回到新田，积极支持青年学生运动和地下革命武装，迎来了新田解放，旋即受任湖南大学教授，并特邀参加湖南省政治协商会议；1953年病逝于湖南大学。

谢立惠当时婉言谢绝了。通过杨浪明联系到谢厚藩，同意他到广西大学物理系任讲师，并马上上任。

离校前，他特意在学校传达室留了一张便条，讲明自己的去向，以便随时与组织联络。读书会其他成员，如李静一、鲍有苏离开了合肥，兰健、袁玉英、范宗浩转到庐州师范学校，蔡柏、蔡善纯留在合肥做小学教师。

临行前，谢立惠与蔡柏谈话，要求她担负起领导朝曦读书会的工作。按照谢立惠的要求，在他走后，蔡柏积极整顿读书会组织，发展会员，继续开展进步宣传活动。蔡柏回忆：

> 1934年，合肥地区同全国一样，革命形势出现了低潮。国民党顽固派横行霸道，经常秘密逮捕、暗杀共产党人和进步人士。国民党特务的魔爪伸进了我们第六女中。他们在学校安了两个“钉子”，表面上是来讲授“三民主义”，实质上就是暗中监视进步老师和同学们的活动。
>
> 在这种情况下，谢立惠先让李仁（李静一）去上海找党组织，随后他也离开了学校。临行前，谢立惠找我谈了话。他分析了形势，郑重地对我说，你曾多次要求入党，读书会不仅是群众组织，而且是党的外围组织，并告诉我，今后读书会工作由我

负责领导。要我尊重王气钟老师；必要时可将读书会的活动由半公开转为秘密；要继续保持同外出和毕业的会员的书信联系，如有不愿来往的，则不要强求。他还鼓励我努力工作，注意保密和隐蔽。我听后既高兴又激动，这项工作光荣而艰巨，我的肩头责任重大，但我信心十足。这次党把这个任务交给我，是对我的信任，我一定好好干。

在梧州广西大学，谢立惠由于人生地不熟，没有党的指示，不能开展革命工作，于是把大部分时间花在备课、学习钻研业务方面，物理理论与教学水平有了很大提高，深得谢厚藩的器重。

广西大学梧州旧址的两栋学生楼

尽管如此，他还是时刻想念着合肥地下党的同志，想着回合肥继续为党工作。

1935年7月，谢立惠回安徽探亲，听说叶伟珍经过活动重新担任了庐州女子初级中学校长，于是马上与之联系。不久，他放弃广西大学的优厚待遇，重新回到庐州女子初级中学担任物理教员。

回到女中后，谢立惠立即与蔡柏取得联系，了解朝曦读书会的活动情况。此时，蔡柏已于1935年春转到第八完全小学任教，读书会的活动地点也因此转移到第八完全小学。同时，“朝曦读书会”已引起了反动分子的注意。

为了纯洁组织，严守秘密，团结青年，在谢立惠的指导下，读书会内部进行了一次整顿，一些思想动摇、胆小害怕，不敢和读书会联系的会员，读书会不再与他们发生联系，去外地不来信的会员，也中止了来往。

这次整顿不仅坚定了会员的信心和斗志，而且还先后发展了一批新会员，如袁玉英、完义珍、蔡心信、曾余等。这些会员都是在艰苦的岁月，冒着被捕杀头危险参加进来的。蔡柏回忆：

> 当年冬天，谢又回到合肥，在第六女中任教。我收谢老师的信后，立即动身返回合肥……谢老师

常来和我一起继续负责读书会的领导工作。为了避开国民党特务的监视，读书会的活动地点由城市转移到农村，即我任教的卫扬小学……读书会给了我们力量和智慧，给我们指出了方向，鼓舞着我们在探索真理的道路上不断前进。

在自觉开展党的工作的同时，谢立惠仍然不忘寻找党组织。星期天，或是节假日，他经常到乡村、集市转悠，希望能幸运地碰上与自己接过头的同志。合肥周边的很多村庄、田园、庙观和密林，到处留下了他疲惫的脚印，每次都怀着一线希望，结果总是失望而归。他还翻阅大量的报纸，希望从字里行间发现一些线索。回到合肥后，他很少参加社会活动，与中华自然科学社的联系也少了许多，在搞好教学工作的同时，为《科学世界》（中华自然科学社主办的科学普及性刊物）写一些科普性文章，钻研无线电知识。

抗战时期，谢立惠在重庆意外见到了兰健（红岩烈士张露萍延安时期的同学），才得知，1934年，除无为县外，包括合肥中心县委在内的安徽全省中共党的地下组织全部被破坏，损失惨重。

新中国成立初期，为了恢复自己的党籍，谢立惠极为留心寻找与他联系过的同志。“文革”期间，他曾被当作反动学术权威被看管起来。有一天，一个搞外调的人找到他，拿出一张照片叫他辨认，问他是否认识。

谢立惠端详了很久，才缓缓地说：“好像什么时候见过，具体是什么地方，不记得了。”

“他叫张如屏，说在解放前某一段时间与你联系过，并写了当时与你联系工作的情况。”

“啊啊，记起来了，记起来了，没错，是张同志！没错，是他！”刹那间，谢立惠激动得泣不成声。终于有一个人能够证明自己的党员身份，证明自己的革命经历，几十年经历的无数委屈磨难，现在还受着管制，这对他都算不了什么。

谢立惠按照外调人员的要求，在极度兴奋中回忆了已牺牲多年的顾衡同志，回忆当年的白色恐怖，回忆曾经置生死于度外的点点滴滴。

在看了他的交代材料后，外调人员欷歔不已：“你写的与张如屏同志的差不多，你们提着脑袋闹革命，可真不容易啊。”

这次外调两年后，蔡柏写信告诉谢立惠，张如屏曾告诉她，安徽地下党遭到破坏后，出于安全考虑，他没有马上与谢立惠联系。后来，他到皖北游击大队任政委，曾将联络谢立惠的工作交给另一个同志，这位同志不久被捕牺牲了。

1982 年 12 月，全国政协第五届第四次会议召开。张如屏此时任湖北省政协副主席、全国政协常委。同为全国政协委员，谢立惠会议期间曾几次专门去拜访张如屏，都阴差阳错，没有见到，这成了他一辈子最大的遗憾。

据兰健介绍，1938 年，她在延安认识了时任八路军总政治部干部科科长的张如屏。张说自己是合肥寿县方面地下党的负责人，曾经领导过谢立惠。谢立惠也曾回忆说：

> 那时期白区地下组织被破坏的极多，有的党员英勇牺牲，有的关系中断，如干铎、李士豪，也是这个情况。亦有的自首叛变，（中共）30 万党员到抗战前只剩几万。

1979 年 1 月 9 日，中共成都电讯工程学院委员会［1978］党字第 061 号文件对这段历史做出了审查结论：

> 谢立惠同志于一九三二年四月在安徽合肥第六女中任教时，由顾衡同志介绍参加地下党工作，同年秋入党。一九三四年四月因中共合肥中心县委遭受敌人破坏，谢立惠同志因此与地下党组织失掉联系而脱党。脱党后没有出卖组织和同志，没有参加任何反动组织，在抗日战争时期和解放战争时期还

继续参加革命活动。

1986年1月6日中共四川省委组织部发出川组审［1986］2号文件《关于恢复谢立惠同志党籍问题的通知》：

中共中央组织部（85）组建字655号文件批复，同意恢复谢立惠同志1958年4月重新入党以前的一段党籍，其党龄从1932年秋算起。

第四章　情系红岩

第一节　参与组织“自然科学座谈会”

1937年春，谢立惠偶然从报纸上得知中央红军曾在四川活动。他想，红军走过的地方，可能会建立党的地下组织。于是，他到重庆，应聘重庆大学数理系讲师兼实验室主任。临行前，他找到蔡柏。蔡柏回忆，谢立惠嘱咐她：

> 1．要尽力把女子小学（县立女子完全小学）办好，作为我们读书会的坚强阵地；2．要保持同上海救国联合会的联系，设法从筹建女小经费中节余一些钱，通过关系到上海购买一批进步书刊，进一步开展读书会活动。

当时，重庆也正处于白色恐怖之中，如果贸然寻找

民国时期的重大学校门

党的组织，一是可能为此暴露身份，二是即使重庆大学有中共党员或党的地下组织，也不会轻易暴露。为此，谢立惠只有等待机会。他对工作非常积极，他考虑：

第一，我工作特别积极，不斤斤计较个人利益，对政治问题关心，地下党组织可能从我的表现而靠近我考验我，这样可能找到党组织。第二，我将来找到党，党组织亦会要我仍然以教师的公开身份来做教师或学生工作。在做这些工作中，自己必须要有较高的学术水平，有优良的教学质量，得到教师和学生的尊重，才有利于做他们的思想政治工作。所以我想我要积极自学，努力搞好教学工作，提高我的威信，这就有利于找到党，也有利于以后为党工作。

谢立惠初到重庆大学时，是数理系讲师，那时大学里教授比讲师多，没有副教授这一级（20世纪40年代以后才有），讲师与教授同样担任讲课。只要是系主任安排，他都表示接受。那时，大学课程教材一般都是英文的，系里开两班电磁学课，同样教材，一班为本系开的，是一位物理教授讲授，一班为外系开的，由他讲授，两人相当于唱一出对台戏。学校讲究学术民主，老师讲不好，学生可以把他轰下台，也可以自由选择一个班。为此，他非常努力地备课，他的班里没有一个学生跳班。

民国时期的重庆大学校区外观

由于出色的教学工作表现和扎实的无线电理论基础，1939年，32岁的谢立惠被聘为重庆大学教授，以后还曾担任数理系主任。

在重庆，谢立惠非常关心时局的发展。1936年底，为挽救国家与民族危局，国共实现第二次合作。此后，卢沟桥事变、“八一三淞沪抗战”相继爆发，国民党军队节节失利。11月20日，12月1日，国民政府迁都重庆。重庆市成为国民政府的陪都，抗日战争时期中国的政治、经济、军事、文化中心。

这期间，谢立惠出于对国民政府的厌恶，曾一度想离开重庆。后来一想，国共合作，作为陪都，党肯定会有组织机构设在重庆，在重庆找到党的机会肯定要大得多。所以，他最终选择留在重庆。

1937年10月11日，中央大学仓促内迁，比邻重庆沙坪坝重庆大学的松林坡上。大学教授们所看到的、听到的，都是国土沦丧、政府妥协。中国的出路何在？中央大学那些抱着科学报国的愿望，想为贫穷落后、受人蹂躏的中国寻求出路的教授梁希、金善宝等，无不忧心如焚，时时彻夜难眠。谢立惠回忆：

有一些一向自诩清高，过去一般只知埋头书本，很少过问政治的知识分子，目睹国土沦丧，抗战形势日益恶化，而在国民党统治区，贪污遍地，物欲横流，民生凋敝，暗无天日，(在这种情况下)也不得不抬起头来，注视周围环境，关心时事政治，考虑抗战前途。

进入1938年，国际国内局势进一步恶化。夏秋之交，英美等国为保护在华利益，积极酝酿与日妥协。10月，日军集中大部兵力先后攻占广州、武汉，封锁中国长江和沿海航运。在战场上取得绝对优势后，日本政府对重庆国民政府改变策略，不断放出所谓“和平”解决日中战争，日中携手共同反共、建立大东亚新秩序的老论调。12月，汪精卫叛逃河内，一批国民党高级军官公开投降日寇，留在重庆的投降派与汪精卫呼应鼓噪。

身处重庆，目睹投降派的拙劣表现，谢立惠由衷感到，依靠这样的人、这样的政府领导抗日，太不现实了。让谢立惠感到振奋的是，在陪都的政治舞台上，有了共产党的声音。

1938年10月，《新华日报》[1]迁重庆，25日开始出

① 新华日报　1938～1947年，中国共产党在国民党统治区公开出版发行的大型机关报。1938年1月11日在武汉创刊。同年10月25日迁至重庆，报社先后设立了一些代销处。《新华日报》在组织上先后受中共中央长江局、南方局、四川省委领导，大部分时间是在周恩来的直接领导下工作。该报的宣传方针是，坚持实事求是原则，坚持中国共产党的政治立场，面向人民群众，做人民的代言人。

新华日报社总编辑章汉夫1944年在重庆与国内外人士合影，左第二人起李公朴、茅盾、王安娜、爱波斯坦。

版发行。29日，八路军驻重庆办事处在重庆机房街成立，《群众》杂志随即出版发行。12月中旬，中共中央长江局撤至重庆。1939年1月5日，中共中央决定成立西南局，1月13日改名为中共中央南方局①，由周恩来

① 中共中央南方局 1939年1月16日，根据党中央六届六中全会的决定，以周恩来为书记的中共中央南方局在重庆正式成立，直接领导四川、云南、贵州、湖北、湖南、广东、广西、江苏、江西、福建以及香港、澳门地区的党组织。南方局高举抗日民族统一战线的旗帜，贯彻党中央“坚持抗战，反对投降；坚持团结，反对分裂；坚持进步，反对倒退”的三大政治口号，维系国共合作，坚持抗战。1941年3月，在南方局的支持帮助下，中国民主政团同盟在重庆成立。民主党派坚决抗日的主张，对中国政治局势的发展，特别是对国内阶级关系的变化，产生了深远的影响。南方局还以党的机关报《新华日报》、《群众》周刊为阵地，积极宣传共产党的主张，有力地揭穿了国民党顽固派的反共阴谋。中共中央南方局巩固发展了抗日民族统一战线，并为新中国成立后共产党领导的多党合作和政治协商制度的形成创造了有利条件。

任书记。

得知南方局的成立，谢立惠暗自欣喜，党的组织终于出现在自己的身边，为了这一刻，他已经苦苦寻觅、等待了五年多。但怎样才能与党组织重新建立联系呢？党的组织工作十分严密，对此，他深有体会。他不得不继续等待机会。

在同一时期，中央大学教授梁希偶然看到一份《新华日报》，里面的文章透露出来的信息，与重庆国民政府发出的空洞口号完全不同，非常清新。其中有一篇节选毛泽东的《论持久战》，提出全民抗战，建立抗日

中共中央南方局和八路军驻重庆办事处大楼

重庆《新华日报》负责同志：熊瑾玎（左）、潘梓年（中）、吴克坚（右）

民族统一战线，强调“兵民是胜利之本”，抗战胜利的唯一正确道路是实行人民战争。文章提出：“中国会亡吗？答复：不会亡，最后胜利是中国的。中国能够速胜吗？答复：不能速胜，抗日战争是持久战。”

文章的语气斩钉截铁，振聋发聩，却文风朴实，让梁希如久旱逢甘露。从此，他成为《新华日报》的忠实读者。久而久之，他心里集聚了很多新的想法，迫切需要找人倾诉、交流。他想到了同为中央大学教授的潘菽，过去两人接触不多，但听说潘菽与《新华日报》有联系，他便主动约请潘菽谈一谈。

潘菽是新华日报社社长潘梓年[①]的弟弟。1933年5月14日，潘梓年（时任上海“左翼文化总同盟”的书记兼中共江苏省委机关报《真话报》总编）被叛徒出卖被捕，关押在国民党南京警备司令部拘留所。同时被捕的还有丁玲（“左联”机关刊物《北斗》主编及左联党团书记）。鲁迅、柳亚子等发起成立了“丁潘营救委员会”。潘菽为营救胞兄及丁玲积极奔走，先后拜访蔡元培、邵力子等社会名流，请他们施加压力，敦促国民党当局释放潘、丁。同时，又以家属身份前往探监，送去药品、食品，传递外界消息，直到1937年6月潘、丁出狱。在营救兄长的过程中，潘菽对国民党的本质有了深刻认识，同时结识了一批共产党人，思想倾向进步，成为当时有名的“民主教授”。

梁希和潘菽在一起讨论有关抗战形势等问题，交流各自所了解的情况，两人对中国共产党在抗战中的地位

---

① 潘梓年（1893—1972），中共第一报人。江苏宜兴人，早年从事教育工作。1927年在上海入党，主编过《北新》、《洪荒》等进步刊物和江苏省委主办的《真话报》。1933年被捕，经营救1937年出狱。抗战开始后，负责筹办党在国统区的公开报刊《新华日报》和《群众周刊》。1938年1月11日，《新华日报》在上海创办，潘梓年任社长，先后在武汉和重庆《新华日报》任社长，积极宣传抗日救亡和共产党的政治主张。《新华日报》在潘梓年的领导下克服在战时物资缺乏和在国统区办报的恶劣政治环境等不利条件，形成了独具特色的报道风格，把共产党抗日救国，反对内战，反对独裁的政治观点及时传播给广大国统区人民，从而争取到支持。

和作用、抗战的前景有了全新的认识。特别是“最后胜利是中国的”这一论断，让梁希一扫心中的郁闷，心情非常愉快。

他建议藩菽：“这种谈话方式非常好，不妨我们各自找一些朋友，大家通过座谈，能够对时局有正确的判断。”

“对呀，这样大家也不至于没有了目标，老是死气沉沉的。”潘菽不假思索。不久，谢立惠中大的同学葛春霖等加入进来。

谢立惠与潘菽是在国立中央大学认识的。1927年，潘菽从美国留学学成归国，应聘到建立心理学系最早的第四中山大学任教。谢立惠是第四中山大学理学院的优秀学生，比潘菽小10岁，但两人一见如故，引为知己。此时，他已经知道潘菽与新华日报社的关系，通过潘菽，肯定能够接近党组织，还能参加一些进步活动。通过潘菽、葛春霖的介绍，作为中大校友，谢立惠参加了座谈活动。

座谈活动每周安排一个晚上，很少间断。地点选在同事李士豪的房间里。他单身住在一个房间，去他那里的人少，地点也较僻静。后来涂长望、干铎、孙克定也加入进来。活动的内容主要是交流各方面的消息，特别是延安方面的消息，讨论抗战发展的形势等。延安共产党方面的政治主张、政策、言论，是大家最关心最急切希望了解的。有时也讨论科学技术发展的新动向等纯技术性问题，以后还增加学习马列主义代表著作等内容。

郭沫若时任国民政府军事委员会政治部第三厅厅长。因为他的关系，第三厅与中共南方局联系非常紧密，团结了一大批进步文化人士，积极开展抗日救亡运动。1938 年 12 月，他与钱俊瑞①等人在重庆发起了“中国学术研究会”，广泛邀请科技教育界进步人士参加。

研究会分社会科学、自然科学、哲学三个组。谢立惠与梁希、潘菽等平时经常在一起座谈的同志非常踊跃地参加了自然科学组。这些组织主要做促进团结、反对投降的工作。但几个月后，由于经费不足等原因，研究会停止活动。

刚刚开始从事进步工作，却得到这么一个结果，谢立惠等人心有不甘。1939 年春天，经潘菽联系，当时在中央大学任职员的陈鹏同志（中共地下党员，后改名为

① 钱俊瑞（1908—1985），中国经济学家，江苏省无锡人；1929 年参加陈翰笙领导的无锡农村经济调查工作，1933 年发起成立中国农村经济研究会，1934 年加入左联，1935 年加入中国共产党，1939 年后历任皖南新四军军部战地文化服务处处长，新四军政治部宣传部长等职；新中国成立初期，任北平军管会文管委主任，后历任教育部副部长，文化部副部长；1955 年当选为中国科学院哲学社会科学部学部委员并任世界经济与政治研究所所长，中国世界经济学会会长以及北京大学教授等职；是中共第八届中央候补委员，第一、第二届全国人大代表，第三至第六届全国政协常委。

陈啸原，曾是中国科协政策研究室的负责人之一）奉中共南方局的指示，与他们秘密接触，其中与梁希联系最多。经过接触与考察，陈鹏向中共南方局汇报了这十几个人的组成结构、思想倾向情况。

在周恩来及潘梓年的倡导下，自然科学组的同仁经过研究，决定成立一个组织。这个组织保留原“自然科学”的名称，为保密起见，突出学术特色，取名为“自然科学座谈会”，因为成员仅局限在重庆，有时也称“重庆自然科学座谈会”。座谈会对外称切磋学问，实为关心国事，自发地将座谈会与民族解放事业、国内民主运动联系在一起。其宗旨是“号召科技工作者在争取抗战胜利的旗帜下，团结起来，组织起来，投身于抗日民主斗争”。中共南方局具体领导座谈会的是章汉夫和潘梓年，而谢立惠与潘接触更多一些。

此后，在章、潘领导下，座谈会的同志经常去新华日报社，听取抗日形势报告、借阅进步书刊，有时聚集在一起共同学习自然辩证法，讨论时局。谢立惠为能够再次团结在党的旗帜下，为党工作，感到非常自豪。

1951 年 2 月，干铎回忆：

> 当时经常出席（座谈会）的有谢立惠同志和中大的潘菽、李士豪、龙叔修、汪季琦等人，通过潘菽常

与当时的新华日报潘梓年、章汉夫等同志相联系。

座谈会的人数始终没有很大的发展，因为当时重庆正在革命低潮中，蒋匪又做了中大的校长。后来有鲁宝重（现居北京师范大学）、蔡善英（谢立惠的学生，后往解放区，现居北京）参加座谈，原曾参加而中途间断过的梁希、金善宝又参加了，又陆续有涂长望、解后民等人参加，1944年开始讨论如何扩大影响，团结进步的科学工作者，参加新民主主义的革命，乃有组织中国科学工作者协会之议。

参加座谈会的前后有20人左右，但其中有些成员因工作调动离开重庆，有些成员很少参与到学习或活动中，始终坚持参加座谈活动的有梁希、潘菽、吴藻溪、金善宝、涂长望、张申府、谢立惠、干铎、李士豪、王克诚等。在这些人中，只有谢立惠一人是重庆大学教授，其他的有中央大学教授，以及其他方面的人士。座谈会没有指定具体由谁负责，而实际召集人先后有梁希、潘菽、吴藻溪等。

这一批人当时在重庆科教界非常有名望，也非常具有学术造诣，此后为中华民族的独立自由、中国人民的解放事业，为中国社会主义革命和建设做出过非常突出的贡献。

这个组织曾用“重庆自然科学座谈会”名义在《新华日报》发表文章，所以组织并不完全保密，但参加的成员都是秘密的。国民党中统、军统也曾调查过该组织，知道其与中共有接触，倾向进步，活动很隐秘，成员是一些知识分子，具体是哪些人却一直没有弄清楚。当时中央大学有一反动分子叫丁啸，他直指这个座谈会就是“共产党小组会”，但却拿不出真凭实据。

按中共南方局的认定，谢立惠参加座谈会的身份是爱国民主人士、知识分子，但他日夜魂牵梦萦的仍然是回到组织，正大光明地为党工作。1940年初，他参加编辑《新华日报》的《自然科学》副刊工作，与潘梓年同志接触比较多，但常常是人多事杂，无法开口。

终于，谢立惠有了一次面对面向潘梓年汇报工作的机会。他征得潘的同意，悄悄关上办公室的门，转身紧紧握住他的手，眼泪夺眶而出：“潘社长，我是共产党员，是1932年加入组织的共产党员。”

“坐，坐，别激动，慢慢说，慢慢说。”潘梓年扶他坐下。

谢立惠向潘介绍了自己的入党经过，为党曾经做过的工作，什么时候与党失去的联系，痛苦回忆过去寻找党的迫切愿望和种种艰辛，表示：“八年来，我从没有背叛过党，也从没有放弃过信仰，只要有机会，都会主动地做有益于党组织的工作。希望组织上考察我，让我回到组织。”找到了党，找到了组织，谢立惠激动万分。

潘梓年安抚着谢立惠，作为一名坚定的共产党人，他非常理解谢立惠的心情。“立惠同志，你受苦了，我代表党组织向你表示慰问。现在情况特殊，有些事我们一时无法核实，党的组织原则你是知道的。今后，我们一定会慢慢弄清楚的，请你相信组织会给你一个满意的答复。”他对谢立惠的现实表现给予充分肯定：“目前，你正在为党工作，而且工作非常出色。这正是党所需要的，希望你继续努力。”

不久，潘梓年请示周恩来同志后，又找谢立惠做了一次深谈，对他的一贯表现再次给予肯定，并强调：“对外，你现在是一个有影响的民主人士和知识分子，希望你继续保持这一身份，配合党做知识分子的统战工作，在党外可以做得更方便、更好一些。这也是党对你的要求。”

谢立惠愉快地接受了任务。他想，只要是党安排的工作，就不能掺杂个人意愿，而是无条件服从。

从此，谢立惠成为中共南方局可以信赖的同志，中共南方局成为谢立惠思想上的引路者。

对于谢立惠当时的表现，干铎回忆：

谢立惠同志很少缺席座谈会。他一贯地关心革命，痛恨反动派，他家庭负担很重，工作很繁忙，生活很艰苦，身体并不见得背得住，但是一直保持着朴实谦和和愉快的态度。这应该是革命的乐观主义的表现。

第二节　中共南方局和周恩来的教诲与关怀

1939年夏，周恩来曾到沙坪坝重庆大学松林坡做报告，这次报告听众近千人。这是谢立惠第一次聆听周恩来的演讲。他清楚地记得周恩来在报告中说：这次抗日战争必定是一次持久战，不能以一时的胜负来判断抗战前途。他回忆：

> 周恩来的分析非常精辟深入，令人信服，这个印象，一直深深地留在我的脑海里。特别是他针对那些亡国论者、投降派、卖国贼散布的种种悲观论调和卖国言论所做的批判，真是义正辞严，气壮山河，使我们看到了抗日战争的光明前途，增强了抗战必胜的信心，同时亦使我们对抗日民族统一战线的伟大意义和作用，开始有了初步的认识。

自然科学座谈会成立以后，周恩来同志一直关心和

周恩来在重庆曾家岩50号办公室工作。

鼓励座谈会的同志们加强学习和锻炼。每次由他召集的大型报告会和小型座谈会，只要可能，谢立惠和座谈会的其他同志都会受到邀请。

为帮助大家及时掌握时事政治，提高思想政治觉悟，改造世界观，这时的座谈会每隔两周或一周，进行集体学习和讨论，很少间断。学习的内容主要有三个方面：

一是学习、讨论《新华日报》上的重要文章。如社论、专论，特别是毛泽东同志的文章和周恩来同志亲自写的社论，或者学习《新华日报》印发的文件、小册子，在思想上提高认识。

如1940年3月，《新华日报》登载了国民政府军委会第二次全国军以上参谋长会议，八路军参谋长叶剑英的讲话；9月转载了苏联《红星报》对8月中共武装开展的“百团大战”评论：“第八路军正展开大规模之进攻……中国人民为自由独立、争取最后胜利而战，依然表现最大决心而不能动摇。”

每次拿到这些材料和评论文章，谢立惠和大家一样，都感到非常振奋，并进行了热烈讨论。在讨论中，他反复强调“事实证明，共产党领导的武装是真正抗日的武装，党的领导是国家的希望，民族的希望”，总能引起大家的共鸣。

1941年1月4日，蒋介石国民党军队制造了震惊中外的“皖南事变”。1月18日，周恩来在新华日报题词：“千古奇冤，江南一叶，同室操戈，相煎何急！”并题写“为江南死难者致哀”的悼词，在《新华日报》发表。

谢立惠与座谈会的同志立即进行讨论，并由此加深了对蒋介石国民党不顾国家和民族利益，消极抗日、积极反共真实面目的认识。有同志还当场表示，过去对蒋介石国民政府还有一丝一缕的幻想，现在看来，自己还是太幼稚了，今后，在政治上要向中共靠拢，与一切反动势力做坚决斗争。

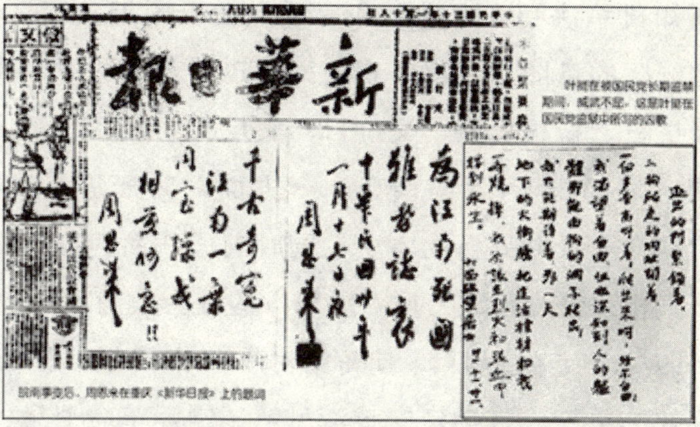

周恩来在《新华日报》上的题词

重庆谈判期间，大家都非常焦虑。谢立惠回忆：“那时我们深知蒋介石是个阴险毒辣、不讲信义的大流氓，我们非常担心，也不理解有什么必要。”针对大家的疑惑，王若飞等同志亲自组织座谈会的同志学习《新华日报》刊载的《对目前时局的宣言》，阐明进行重庆谈判的意义。

他们在南方局的安排下，还接受了毛主席的会见，对主席到重庆进行谈判的重大意义和作用有了明确认识，并进一步体会到党的伟大正确。

二是讨论、研究如何更好地完成周恩来同志或新华日报社负责同志交给座谈会的任务。

如 1940 年 3 月和 6 月，重庆国民政府先后在香港和澳门，与日寇进行了两次关于停战条件的秘密谈判。

在获知日军决心“南进”和“重点在于剿灭共军”，确保占领区的意图后，蒋介石国民党政府变本加厉地执行消极抗日、积极反共，又抗日、又反共的两面政策。按照南方局的指示，“座谈会”一方面对时局进行讨论，认清蒋介石反共妥协的本质，同时向所联系的群众说明这一真相，努力形成“反对妥协”的社会舆论。

1941年5月以后，国民党对《新华日报》的出版发行控制更严，包括延安政治见解、国际革命消息、答复各报刊的论文、揭穿国民党的无耻行为和黑幕的文章都通不过。周恩来指示，将这些文章每周出版，秘密发行，由许涤新、徐冰、章汉夫组成编委会，许涤新任主编。谢立惠等人基本上能在第一时间内得到这些文集，并尽可能把消息传播出去，让大家了解事实真相。

三是系统学习唯物辩证法。

就上述三方面工作的相互联系，潘梓年曾做过精辟论述。他认为：

> 三者之间是互相关联、辩证统一的关系。学习了唯物辩证法，逐步建立了科学的思想方法，才能正确地分析和认识国内外形势，才能较好地完成我们的任务。学习唯物辩证法，书是要读的，但是，通过运用唯物辩证法认识形势、分析我们的工作方

> 法和思想方法，从运用中学，才能使我们比较好地理解辩证法、掌握辩证法。

他要求座谈会的同志，要善于学习，善于讨论，通过学习和讨论，真正提高座谈的效果。

谢立惠回忆：

> 新华日报社为我们规定这种边学边用、边用边学的学习方式，体现了中共南方局和周恩来、潘梓年同志对“座谈会”同志热情的关怀和真挚的帮助。大家通过学习与座谈，在思想上都有了较大的进步。

在重庆虎头岩新华日报社，中共南方局经常邀请文教工作者及爱国民主人士举行纪念会、联欢会、座谈会等，也通知座谈会成员参加。1940 年 1 月 11 日是《新华日报》创刊两周年。报馆举行了大规模纪念活动，有联欢会、座谈会等，部分座谈会成员还参加了中午的聚餐。

谢立惠回忆：

> 参加这次纪念活动的爱国民主人士和进步的科技工作者、文教工作者相当多。当时，在反动政府和特务的严密监视下，随时随地都感到心情压抑，空气沉闷。可是一到虎头岩，就像进了另一个世

新华日报创刊五周年宴请陪都各界友好人士

界，呼吸着自由的空气，畅谈心里要说的话，有说不出的兴奋和愉快。尽管参加这样的纪念活动，要冒被特务迫害的风险，大家还是非常喜欢去的。

“皖南事变”后，谢立惠与座谈会同志义愤填膺，他们不顾国民党特务的监视，毅然前往化龙桥，公开表示慰问、哀悼和愤慨。梁希、金善宝出资捐款，给抗日将士制作寒衣。国民党特务煽动一些人殴打新华日报营业部的工作人员，吴藻溪、熊雯岚不怕特务迫害，毅然到现场慰问报社人员，抗议特务暴行。他们的行动受到中共南方局和周恩来同志的赞誉。

通过这一事变，座谈会部分同志对国民政府失望至极，认为国统区政治空气令人窒息，开展工作困难，个人无用武之地，如梁希、潘菽、谢立惠等向南方局提出，想去延安直接参加党的工作。

由于大家有情绪，座谈会的活动断断续续，进入低潮。

了解到这个情况，周恩来同志立即把大家召集到一起，强调，干工作要根据革命的需要。现在你们在重庆开展工作，是抗日的需要，斗争的需要。困难是有的，但应坚持下去。

董必武同志也与座谈会的同志交换意见：你们有的想离开重庆，这不是害怕反动派吗？

听了周恩来和董必武的教诲，谢立惠等转变了思想，并很快投入到南方局交给的各项工作中。

重庆新华日报营业部遗址（重庆民生路240号）

1943年12月28日，新华日报社请梁希与潘菽、涂长望、金善宝、谢立惠、干铎、李士豪等座谈会的七位同志到虎头岩一聚。谢立惠估计南方局有什么事要同他们商量，便同大家急匆匆地赶到虎头岩。

到了后，工作人员却直接把他们带进饭堂。里面摆了寿桃，备了一桌酒席。谢立惠等非常疑惑。正在这时，周恩来与董必武、邓颖超、潘梓年、熊瑾玎、章汉夫、石西民、于刚等中共南方局领导来到饭堂，他朗朗地说：“今天是梁老60寿辰，我们为他老人家祝寿，有劳诸位作陪。”

梁希在“自然科学座谈会”一行人中，年龄最大、威望最高，这一天正好是他的60岁寿辰，这个日子连他自己都忘记了。谢立惠知道梁老已近60，却不知道哪一天是他的寿辰。周恩来同志日夜为国事奔忙，却还记得这个日子，还想到为梁希祝寿，这是谢立惠万万没有想到的。

周恩来致祝酒辞。他说：“新中国总要到来的。新中国成立后，会需要大量像梁老这样的科学家，将来好为新中国建设献计出力。我提议，我们大家干一杯，祝梁老福如东海，寿比南山。”

梁希非常感慨，他说：“我无家无室，有了这样一个大家庭，真使我温暖忘年。感谢大家，太感谢大家了。”

在酒席上，谢立惠正好坐在周恩来同志身边，有些拘束。周恩来见状，开玩笑说：“你怎么文绉绉的，不大方。听说你在课堂教学生，教学方法还蛮厉害的，怎么在这儿反而像个小媳妇，忸怩起来了。”周恩来同志对他的情况如此了解，让他着实佩服。

因为有了这句话，大家也都随意了，甚至有点放肆。有位同志竟然喝醉滑到桌子下面去了。

1945年农历春节，新华日报社在化龙桥隆重举行秧歌剧晚会，招待陪都各界知名人士和外宾。从延安来的同志表演了秧歌剧《兄妹开荒》、《一朵红花》等，包括座谈会同志在内的几百人受到邀请。谢立惠去时，还带上了妹妹。当气氛达到高潮时，大家齐声高呼“中国共产党万岁！”谢立惠的妹妹既惊讶，又激动：没有想到在重庆这夜沉沉、雾茫茫的地方，竟还有块光明场所，可以自由地高呼“中国共产党万岁！”久久压抑在心底的最衷心的祝愿在那一刻被释放出来，谢立惠流着激动的眼泪，尽情高呼，为党高呼、为自己庆幸。

1946年夏末，周恩来等领导同志离开重庆到南京，在重庆，吴玉章①领导新华日报工作。国共谈判破裂后，

① 吴玉章（1878–1966），四川省荣县人。自小忠厚笃诚，坚韧沉毅，喜读史书，学识渊博，有“金玉文章”之誉。曾历经戊戌变法、辛亥革命、讨袁战争、北伐战争、抗日战争、解放战争、新中国建设，而成为跨世纪的革命老人，与董必武、徐特立、谢觉哉、林伯渠一起被尊称为“延安五老”。吴玉章从参加同盟会到参加中国共产党，从参加孙中山先生领导的旧民主主义革命到参加中国共产党领导的新民主主义革命、社会主义革命，为社会进步、民族解放和社会主义建设、党的事业奋斗一生。

新华日报被查封，全体人员于1947年3月上旬，与中共八路军驻渝办事处一起撤回延安。新华日报社在重庆九年，共计出刊3331期。

参加自然科学座谈会的同志，除一位因害怕白色恐怖而意志消沉外，其他同志都加入了九三学社，参加到反对国民党蒋介石独裁统治的新民主主义革命斗争中。

新中国成立以后，这些同志继续遵循党指引的前进方向，努力学习，勤奋工作，成为国家高级干部、知名科学家，部分同志光荣加入中国共产党。

第三节 参与发起成立“中国科学工作者协会”

周恩来同志一贯重视做好科学技术工作者的团结工作。他指示潘梓年等，要协助自然科学座谈会的同志，组织范围较广泛的、公开的科学团体，把更多的科学技术、教育工作者团结在党的周围，以巩固和发展团结抗战的政治局面。

1944年底，座谈会同志拟订了《组织中国科学工作者协会缘起》，并分头向国统区各大城市征寻科学技术工作者参与发起。

周恩来还同一些著名科学家交换意见，提出团结一心、共同应对时局变化的必要性。在不长的时间内，成立科协的主张就得到竺可桢、李四光、任鸿隽、丁燮林、严济慈等百余位著名科学家的积极响应。由于竺可桢等人的社会和学术影响力，科协筹备成立比较顺利。

1945年7月1日，是中国共产党的诞生纪念日。“中国科学工作者协会”（简称中国科协）特意选择这一天，在重庆沙坪坝正式宣告成立。中国科协的领导机关是理事会和监事会，第一届理事长是竺可桢，监事长是李四光。负责做具体工作的是干事，总干事是涂长望，自然科学座谈会的其他几位同志，有的是理事，有的是干事。干铎是事务干事。谢立惠是组织干事，主要负责联络会员、组织筹备召开会议。干铎回忆：

> 1945年的上半年，座谈会的主要课题是中国科学工作者协会的发起和筹备工作，谢立惠当时在伪军令部兼差，研究雷达，但是，每次座谈都赶来参加了。为了避免特务的注意，座谈会时常改变集会的地点，曾经到谢的住宅里开过一两次会。“科协”的筹备工作，得到董老、周恩来同志和新华日报诸同志的鼓励。

成立科协的宗旨是：联络中国科学工作者，致力于科学建国工作；促进科学技术的合理运用；争取科学工作条件的改善和科学工作者生活的保障。

中国科协的政治态度和任务在《组织中国科学工作者协会缘起》和《中国科学工作者协会总章》中有明确的阐述和规定。《缘起》还阐述了科学技术在社会中的作用，探讨了科学技术服务于我们的国家、民族的途径，指出：

因历史的前进，科学技术逐渐成为人类社会中的一个主角。科学和技术日益具有决定前途命运的力量。

中国既然还是一个落后的国家，所以中国科学工作者的处境是特别艰苦的。大多数同胞还根本不知道科学为何物。其余一部分也很少真正了解科学的性质和重要性以及培植的方法。就一般讲，中国社会中还很缺乏科学的空气。因此中国科学工作者所受的物质待遇是很不足的，所受的精神待遇是很冷漠的，所有的工作环境是很困难的。要在缺乏科学的社会中进行科学的工作，建立科学的传统，真像是逆水行舟，费力十分而至多只能希望一分成功……

科学工作者的处境之所以艰苦困难，就是因为缺乏发展科学的社会环境。《缘起》认为“民主运动与科学运动实不可分”，号召科学工作者要成为变革社会的民主运动的中坚。

为积极宣传科学界人士的各种活动以及国际上一些科学技术的新发展，中国科协总会还出版了《科学新闻》月刊。月刊编辑委员会设委员10余人，大部分是自然科学座谈会的成员，其中潘菽同志是主编，谢立惠是编辑委员。由于国民党特务的压制和经费困难，这个刊物只出了三期，就不得不停刊。在这三期里，科协积极宣传自己的主张：

第一，自然科学本身是超阶级的。科学技术的发展，可以造福于人类，为广大人民服务；但如用之不当，亦有可能有害于人类。如研究细菌学，可以减少人类疾病，增进人民健康，亦可用于细菌战杀害人类。

第二，自然科学工作者是不可能超政治的。可以用科学技术为人民谋幸福，也可用科学技术做压迫人民、伤害人民的帮凶、刽子手。我们科学工作者应当常常想到，要用自己的科学知识为广大人民谋利益。

第三，“科学救国”、“科学建国”的口号是骗人的，是本末倒置的。自然科学的发展，要在一定的社会条件和物质条件下，才有可能。过去中国有许多青年科学家，原来在国外学得很好，比外国学生还学得好，但一回到本国社会环境中，绝大多数无法再前进，不前进就要倒退。

第四，在不民主的半殖民地社会，农业生产非常落后，工业极不发达，自然不需要科学技术的发展，亦就不重视科学技术。高等学校和科研机构都成了装饰品，自然科学工作者无用武之地，甚至连自己的工作和生活都无法得到保障，“自救”唯恐不及，哪里还能“救国”？

第五，要认识科学与社会的关系。社会条件是土壤，科学是花果，有了肥沃的土壤，科学才能开花结果。要使我国的社会条件能适应科学技术的发展，科学工作者不能等待“上帝”的恩赐，民主与独立是乞求不到的。要积极参加反对日本帝国主义的侵略和反对封建压迫的爱国民主运动。科学运动和民主运动是不可分的。我们科学工作者要在争取民主的爱国运动中，成为一支有力的队伍。

第六，个人的斗争力量是有限的，我们科学工作者要团结起来，组织起来。团结就是力量，组织起来，才能发挥集体的巨大力量。我们要和广大人民一起，共同奋斗，对外要打倒帝国主义者的侵略，挽救中华民族的危亡；对内要改革贪污腐化、特务横行、残酷压迫人民的不民主统治，建立独立、民主、自由的新中国。只有这样的社会条件，工农业生产才能发达，科学技术才有迅速发展的土壤，科学工作者才能有用武之地，“科学建国”的愿望，才有实现的可能。

谢立惠回忆：

以上几点是中国科协的文件、刊物上所宣传的主要观点，但在具体提法上是比较含蓄的。这几点是在潘梓年同志的指导下写出的。有些问题，如对民主和科学的关系问题，就没有明确地讲清楚，更没有提到民主革命问题，因为如把这几个观点都提得很鲜明、很清楚，中国科协就不能在国统区公开成立，并且使许多科学工作者不便于参加这个组织。

谢立惠还回忆：

中国科协的成立，在当时相当散漫而又沉寂的科学界中，真可谓是新军突起，使人们耳目一新，其影响迅速传到国内外。其总会设在重庆沙坪坝，在西南、西北地区一些大城市都先后建立了分会。在美国、英国等也陆续成立了分会。经过一年的时间，会员发展到七八百人，以后更发展到千人以上。

为在美国扩大组织的影响，1946年6月12日，涂长望还专门写信给旅美华人科学家葛庭燧：

我国的留学生对国是大多漠不关心，一部分则感情用事，对于问题鲜有深刻的了解，另外一大部分则自命清高，等待时机，所谓学术救国，研究第一，不过是和尚道士的袈裟道袍而已，藉清高而投降统治阶级，藉研究而稳固既得利益……还望继续发挥作用，中国科学工作者协会美国分会的工作祈多多促进。

1946年上半年，中国科协还在重庆开办科学技术专题座谈会和大型讲演会。例如，当时一般人对原子弹谈虎色变，科协有针对性地就原子弹问题举行了几次座谈会和大型演讲会。演讲会由谢立惠主持，听众上千人，主讲的有吴有训①、赵忠尧②等科学家。

---

① 吴有训（1897—1977），江西高安人。中国近代物理学奠基人，科学家，教育家，1920年毕业于南京高等师范学校（今南京大学）。1921年赴美入芝加哥大学。1926年秋回国，先后在江西大学和中央大学（今南京大学）任教，1928年秋起任清华大学教授，物理系主任、理学院院长（包括1938年以后在西南联合大学的8年）。1945年10月任中央大学校长。1948年底任交通大学教授。1949年任校务委员会主任。1950年夏任中国科学院近代物理研究所所长，同年12月起任中国科学院副院长，曾经任中国物理学会理事长。1949年至1952年，任交通大学（暨西安交大与上海交大前身）校长。1977年11月30日在北京逝世。

② 赵忠尧（1902—1998），中科院院士、核物理学家，我国核物理研究的开拓者，中国核事业的先驱之一。1925年毕业于国立中央大学并入清华大学任教。1927年赴美国留学，获理学博士学位，先后任清华大学物理系教授、云南大学教授、西南联合大学教授、中央大学物理系教授。1946年赴美国一些核物理实验室访问并进行研究工作。1950年回国，历任中国科学院近代物理研究所、原子能研究所研究员，中国科学院高能物理研究所研究员、副所长，中国科学技术大学近代物理系教授、系主任，中国核学会副理事长，为我国核物理事业和科学教育事业的发展作出了重要贡献。

谢立惠也承担一部分讲演任务，内容主要是分析原子弹的原理及其破坏作用，强调原子能应该运用于为人类谋幸福，反对使用原子弹残杀人类。他还开办雷达专题讲演会，介绍雷达的原理及其功能，揭开雷达的神秘面纱。干铎回忆：

> 科协举行过几次群众性的大型座谈会，在原子弹座谈会里，谢立惠是主要的组织者，在雷达座谈会里，他冒着军令部的禁令，做了技术报告。

中国科协成立后，联合英、美、法等国的科学工作者协会，共同发起筹组世界科学工作者协会（简称“世界科协”）。1946 年 7 月，世界科协在伦敦召开成立大会。涂长望代表中国科协到伦敦参加大会，并当选为世界科协远东区代表理事（世界科协理事会包括八个区域的代表理事）。谢立惠成为世界科协的当然会员。

中国科协还通过各种方式，引导广大知识分子不受国民党的蒙骗，不要相信“共产党杀人放火、残暴野蛮”的谎言，在团结教育广大科学工作者方面发挥了重要作用。

中国科协之所以发展迅速，谢立惠回忆：

> 这主要是由于党的正确领导和亲切关怀以及新华日报社负责同志的直接帮助，在工作方针、政策

以及工作方法上不断地给我们指示，提出意见建议，使我们能够把工作做得扎实一些。我们重庆自然科学座谈会只有十几位同志，哪有那么大的号召力量，能在短时间内，动员包括许多著名科学家在内的100多人参加发起组织“中国科协”？我们哪有那么大的组织力量，那么远大的眼光，把中国科协搞得那么大，还要和外国科学工作者一起共同发起“世界科协”？实际上，我们只不过是在党的领导下，做些具体工作而已。

抗战胜利后的1946年秋，中国科协负责人及会员绝大多数离开重庆，中国科协总会迁到南京，设在南京、上海、杭州及北京等地的科协几个分会活动开展相对较多。1947年春，科协总会的《科学新闻》在南京复刊，也只出了三期就停刊了。为发挥作用，扩大影响，各地分会选择在当地报纸上办了一些科学副刊，如上海《文汇报》的《新科学》副刊，南京新民报的《科学》副刊。

谢立惠等人在重庆坚持活动，出版一些小型科学副刊，推动科学知识普及。谢立惠主要负责重庆分会工作。干铎回忆：

1946年5月以后，我们因为“复员”而陆续分手了。重庆方面的“科协”工作主要由谢立惠同志负责。由于重庆的政治环境的恶劣，我们不断地惦记着他的安全，四川解放后，才知道他没有遭受迫害。

在解放战争期间，国民党反动派加强了法西斯统治，科协活动更加困难，许多分会的活动陷入停滞状态。谢立惠评价：

> 所有科学团体或学会绝不是，也不可能是超政治的，总是为一定的政治目的服务的，并且要为当时的政治服务。旧中国的中国科协，就是为当时的统一战线政策服务的，就是团结争取科学技术工作者反对帝国主义，反对国民党反动派的独裁政权，为建立独立的、统一的、民主的新中国而斗争的。同时，也是为了创造科学技术在我国发展的有利土壤。

有了这样的政治背景，中国科协理所当然受到种种限制。

1948年9月，中国科协在十分艰难的情况下在南京召开了全国代表大会。出席这次大会的只有南京、上海、杭州等分会的代表，会期一天，会议决定发行《科学工作者》会刊。当月，中国科协派代表到捷克斯洛伐克首都布拉格，参加世界科协首届代表大会，涂长望成为远东区理事。南京解放后，中国科协总会迁到北京，各地分社活动逐步恢复。总社在北京发起联合中华自然科学社、中国科学社等，1950年筹备召开了全国自然科学工作者第一次代表会议。中华人民共和国刚刚成立，在美国的中国科协分会积极动员中国留学生回国参加社会主义建设，抗美援朝开始后，在美活动被迫停止。

在国统区，周恩来等中共领导一贯重视并正确地执行党的统一战线政策，团结、争取、教育知识分子，提高他们辨别是非的能力，引导他们走正确的道路。他倡导成立的中国科协工作者协会，就是统战工作成功之举。谢立惠有一个非常有趣的对比：

> 苏联十月革命后，不少科学技术专家逃往外国。我国解放前夕，则很少有科技工作者去台湾或外国的。我回忆重庆解放前夕，重庆大学等高等学校教授，除工学院院长冯简教授被强行劫持到台湾，绝大多数都高兴地迎接解放，没有恐慌不安的心情。这些都是我们党在国民党统治区正确地执行党的统一战线政策，做了大量的细致工作的结果。

由任鸿隽等人于1941年6月在美国发起成立的“中国科学社”，到1949年有理事会成员27名，其中1名去了海外，其余26名留在大陆。这26名成员大多是中国科协成员。

国民党政府创建的中研院有14个单位，迁去台湾的仅一个总办事处和数学、历史两个研究所；506名研究人员，去台湾的有130名，仅占25.7%；院士81名，留在大陆有60名，去美国工作的12名。

第五章　傲雪红梅

第一节　《新华日报》的《自然科学》副刊编辑

> 当时重庆的自然科学界，受到党的关怀、教育和引导，我们这些自然科学工作者逐步提高认识，明辨是非，认清了前进的方向，并且帮助我们组织起来，壮大队伍，推动我们积极投身到爱国民主运动的洪流中去。

谢立惠回忆起中共南方局和周恩来同志对自然科学座谈会的关怀、教育和引导，总是激动不已。也正是由于中共南方局强有力的领导及其领导人周恩来的人格魅力，谢立惠更加坚定了跟党走、为中国人民的解放事业努力奋斗的信念，并将这一信念付诸行动。

1941 年春，周恩来和潘梓年找来“自然科学座谈会”的谢立惠等四五位同志进行座谈，商讨如何编辑好

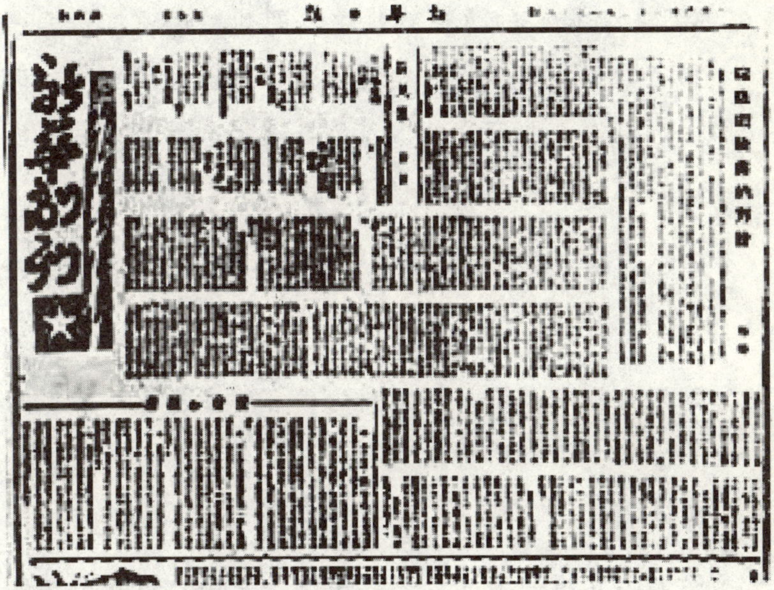

新华日报副刊

《新华日报》的《自然科学》副刊，扩大读者群的问题。

《新华日报》还设有《文艺》、《妇女之路》等副刊。与周恩来同志几次接触，谢立惠感到他是一个原则性非常强，考虑问题周全、细致，能够时时处处为他人着想的中国共产党的优秀领导人。

当时，“皖南事变”刚刚发生，陪都重庆的政治气氛非常压抑，特务到处寻衅、招摇过市。在座谈会上，周恩来强调：

> 我和梓年同志请大家来共同参与、负责编辑

《新华日报》的《自然科学》副刊，这项工作非常秘密，也非常危险，稍有不慎，就会让“别人”盯上，说你是共产党的人，要被逮捕，甚至杀头。所以大家一定要谨慎行事，不能有丝毫差错。

他还强调，我们办副刊一定要体现战斗性和群众性：

第一，编写副刊的内容一定要以辩证唯物主义思想为指导；第二，副刊的内容要多样化，不能局限于只介绍自然科学知识，文字要生动活泼，通俗易懂。

作为中共第一报人，潘梓年是一名极富哲学思想的职业革命家，也是一名出色的文学工作者。就当好副刊编辑，他提出两点要求：

第一，就是要加强学习，提高自身的理论水平。特别是系统地学习辩证唯物主义，将过去不自觉的思想和工作方式转变为自觉和主动。第二，就是需要广泛涉足各方面的知识，而不再仅仅局限于所属学科、学术范畴。

谢立惠感到任务非常光荣，责任非常重大，并认为这是一个非常好的锻炼、为党工作的机会。为了尽快适应编辑工作的需要，一段时间，谢立惠一有机会就认真阅读从报社借到的马克思、列宁和毛泽东的原著，学习《新华日报》刊载的社论社评，还借阅了一些公开发行的进步书刊，从书本上汲取营养。

参加编辑的同志以各人的专长进行了分工，有人负责传播医药卫生知识，有人负责介绍科技进步……根据内容，轮流做副刊编辑。谢立惠的专长是无线电，负责无线电专题的编写、编辑工作。

谢立惠回忆：

> 副刊的稿源最初比较单一，稿件几乎都由座谈会的同志撰写。技术性强的文章可由一个人单独写；政治性强的文章，可由二人商议，合作撰写。当时日寇对重庆经常进行空袭，广大人民航空无线电常识缺乏，对躲避空袭有时出现无知的行动，市民死伤甚多，物质损失也非常之大。为什么会这样呢？这是因为有汉奸电台引导，助纣为虐。汉奸电台有的非常先进，而用于侦测的设备、方式落后，很不容易侦测到。我就单独写了《无线电与航空的新发展》和《汉奸电台的侦察》分别登载在《新华日报》1940年6月11日和9月2日副刊上。因为我们都是秘密的，所以不署真实姓名，用的是笔名，并且二篇文章的笔名也不同。

以后，谢立惠等又联系了周围的一些人撰写稿件。在他们的努力下，《新华日报》副刊的影响日渐扩大，外来稿件越来越多。谢立惠和副刊组的其他同志就大量有选择性地采用外来稿件，且优先采用知名科学工作者的文章，文章要求专业、通俗，质量较高，或切中时事的。通过这种方式，变几个人办刊为大家办刊，并借以密切同各阶层和普通群众的联系，由此进一步扩大了《新华日报》的社会影响。

据谢立惠回忆，《自然科学》副刊的主要内容大致有如下几个方面：

1．普及科学知识。当时国民党反动政权推行愚民政策，利用各种封建迷信手段来欺骗人民，麻醉人民，以维持他们的统治。我们则反其道而行之，大力开展科学普及工作，使广大人民多了解一些科学技术知识，逐步摆脱愚昧落后的状态。在《自然科学》副刊中，介绍科学常识的稿件，常有一定的针对性。如《略谈食物营养问题》、《怎样当心儿童的健康》、《药物与化学》、《疟疾问答》、《抗战中的药剂问题》等等，就是针对国民党统治下的社会黑暗，官员贪污腐化，而人民生活困苦、传染病流行的状况而写的。

抗战前期，日本帝国主义对重庆不断狂轰滥炸，国民党政权束手无策，人民的生命财产遭受巨大损失。针对这种情况，连续发表了《工业建设与防空》、《燃烧弹》、《毒气空袭防御》、《汉奸电台的侦察》等文章。

2．宣传自然科学工作者不可能超政治，批判“为科学而科学”、“科学救国”等当时流行的错误论调。我们在副刊上发表了《自然科学的两条战线——杀人的与救人的》、《自然科学者的人生观》、《写给理工科的同学》等文章，阐述自然科学本身虽无阶级性，但自然科学工作者却不可能是超政治的。科学技术的发展，只有在一定的社会条件下才有可能，科学工作者也才有发展前途可言。我们向自然科学工作者发出倡导，要树立正确的世界观，在轰轰烈烈的民族革命战争中，广大的科学工作者必须参加到抗日救亡的斗争行列，用自己的科学知识为革命斗争服务，为广大人民服务，为抗日战争的胜利贡献自己的全部力量。

3．号召自然科学工作者在争取抗战胜利的旗帜下，广泛地团结起来，组织起来。当时许多爱国的自然科学工作者，对国民党政权的消极抗日、积极反共，对“前方吃紧，后方紧吃”的醉生梦死现象，对国民党军宪警特的飞扬跋扈、鱼肉人民，愤慨不满，同时又因物价高涨，生活困难，科学事业上又无出路而感到悲观失望，情绪消沉。我们便以重庆自然科学座谈会的名义，在副刊上发表针对性的文章，如《谈科学界的组织》、《关于自然科学家的组织问题》、《陕甘宁边区自然科学研究会宣言》等，另外还有吴玉章同志代表“陕甘宁边区自然科学研究会”致印度科学家的一封信（登载于1940年6月25日）和致朝鲜科学界的一封信（登载于1940年12月17日）。

这些信和文章的内容都是号召国内外自然科学者团结起来，组织起来，为打倒共同敌人——法西斯侵略者而奋斗。这方面的文章比较多，主要是号召国内科学界应团结起来，坚持抗战，反对投降。

4．介绍苏联的自然科学发展情况。这一类介绍的目的，集中到一点，就是说明苏联在十月革命后，建立了社会主义制度，实现科学技术飞跃发展。苏联广大科学工作者受到苏联共产党和政府的重视，从而充分发挥了积极性，把科学技术广泛地用来保护人民的健康，增进人民的福利。

5．宣传唯物辩证法、自然辩证法。如《写给理工科的同学》、《陕甘宁边区自然科学研究会宣言》、《列宁主义是引科学到正道的宝钥》等，都是号召自然科学工作者学习唯物辩证法的。

此外，1942年为伽利略逝世300周年和牛顿诞生300周年，我们在《群众周刊》第7卷18期（1942年9月30日）上出了一期纪念专刊，用笔名发表文章。我是编辑这期专刊的主编之一。在这期专刊，除了介绍伽利略和牛顿对自然科学的巨大贡献，以及他们为发展科学、捍卫科学而表现的坚韧不屈的斗争精神外，我还写了一篇介绍物理学发展的文章《牛顿力学与相对论》，从自然科学的发展史说明辩证唯物主义的正确性，说明自然科学工作者不论自觉或不自觉，都在科学研究的领域里应用了唯物辩证法，因此自然科学工作者学习和掌握唯物辩证法是非常必要的。

6. 设置《信箱》和《问题解答》专栏。这些信箱和专栏回答读者提出的关于自然科学知识、医药卫生、学习自然科学的方法等方面的问题，同时也反映读者的呼声和要求。

每期副刊的稿件，由谢立惠等人初步编订后，再送到化龙桥虎头岩下新华日报社编辑部审订付排。按照1939年2月国民党中宣部秘密下达的《禁止或减少共产党书籍邮运办法》，国民党特务对进步刊物，特别是《新华日报》一直采取非常严密的监视措施。稿件一般由潘菽或谢立惠送去，谢立惠在“自然科学座谈会”成员中，相对比较年轻，动作机敏，所以实际工作他做得多一些，几乎每周一次。

虎头岩是《新华日报》编辑、印刷场所，报馆前有一个小广场，平时用于一些大的集会。旁边房室较多，是家属住宅区。国民党特务对这里控制很严。报馆举行集体活动，进出人多，特务还是注意的，但一般不那么特别盯梢。如果是个别人进出，特务就特别注意，想从中找到地下党的踪迹或线索。军统大特务沈醉曾回忆：

> 抗日战争时期，化龙桥一带是军统特务集中活动的地区，军统想从这里找到地下党的踪迹和线索。化龙桥头有一个茶馆，国民党特务经常坐在外面，对进出新华日报社的人进行监视、盯梢，甚至暗中加以逮捕或杀害。

所以，《新华日报》以外的人单独进出报馆或八路军办事处，与特务都是一次斗智斗勇的较量。谢立惠回忆：

> 因为到虎头岩，还可以与报社的同志多谈一谈，与潘梓年同志接触，希望接受党的考验，能恢复我的组织关系。向他们学习，提高自己的思想觉悟。

到虎头岩必须经过化龙桥桥头，再转山边一条小路。因此，他有时化装，有时大摇大摆从化龙桥进报馆，出来绕道爬一道陡坡到大坪，再步行回重庆大学。这样虽然绕得远一些，但比较安全。如发现“尾巴”，就不直接回重大，而走相反的路进城与特务周旋，摆脱盯梢。

有一天下午，谢立惠将稿件用绳子捆紧，系在裤腰带上，稿件悬在裆部。快到化龙桥时，他几次机警回头，发现有人跟踪。于是，他停下来，装着向路人打听

化龙桥虎头岩下的新华日报报馆

进城怎么走，问罢便朝距化龙桥不远的李子坝疾走。而跟踪人也加快了步幅，不久，跟踪的人由一个变成了两个，是特务无疑。正在这时，谢立惠猛地发现前面有一个茅厕，他不假思索地闪进去，以最快的速度将稿件取出，包上一块石头沉进粪池里。几乎同时，有一个特务冲进来："你在干什么？"谢立惠蹲在毛坑回答说："肚子坏了，进城看病。你们是什么人？"

"少啰嗦，既然是看病，你跑什么？"特务捂着鼻孔恶狠狠地说。

"正好急呀，不得不跑。"谢立惠装出很害怕的样子。

"哼，小心一点，别以为我不认识你。下次再让我碰到你，有你好瞧的。"特务打量了一下，悻悻走了。

谢立惠后来回忆：

> 我有时送稿件到报社，有时又是为了去参加别的活动，遇到特务监视和盯梢自然是难免的。参加活动，人比较多，特务盯得松一些。如果一个人，思想就要警惕，一般还能够比较灵活地对付过去。现在回想起来，确实使我受到了很有意义的锻炼。

谢立惠的二女儿慧瑗回忆：

> 他在国民党统治下，为完成党组织交给他的任务，经常还要躲避国民党特务的盯梢和威胁，但我

从没有看到他惊慌过。记得解放前父亲出门都拿一根拐杖，有一次我见他要出门就去拿拐杖给他，发现很重，原来下半截是金属的。我问他为什么不拿一根轻的，他神秘地笑着说："防身。"

第二节　神秘的无线电维修工

谢立惠作为重庆大学教授，讲授《无线电原理》等课程，有扎实的理论基础，动手能力也非常强，在陪都重庆无线电界很有名气。一次偶然的机会，谢立惠成为新华日报社无线电维修工。

新华日报社有一台美国产的高级收音机，专门用来收听延安党中央的声音。尽管延安广播电台的发射功率不大，但其短波能收听到电台的讯号。1940年的一天，这台收音机突然坏了，这可急坏了报社的同志。收音机被送到外面的修理店，几天后取回来，收听广播的功能正常了，却无法收到延安的讯号。潘梓年知道谢立惠是搞无线电专业的，就请他试着检查一下，看能不能修好。

谢立惠用自己设计装配的讯号发生器进行检查，凭着精湛的无线电技术，他很快查明收音机被国民党特务做了手脚：把一个密封的中频变压器稍稍旋偏了一点，有意降低收音机的灵敏度。经过谢立惠校正，收音机很快恢复正常。

潘梓年大喜过望，并指示，以后报社的电子电讯器材坏了，全部由谢立惠同志修理，以免受制于人，也利于保密。

报社发报机不够用，对工作影响较大。国民政府军事委员会管制机关对电讯器材流入流出控制很严，购买新的收发报机要层层审批，如果由新华日报社提出类似申请，是根本不可能获批的。对此，潘梓年一直非常焦虑。

自从修好收音机后，谢立惠又几次秘密到报社维修其他器材。有一次，潘梓年专门把谢立惠找到办公室，问他："能不能将高级收音机改装成收音、发报两用机。这个收音机还要能应付检查，要让懂接收机装置技术的特务看不出改装过的痕迹。因为一旦查出，收音机被没收，会直接影响工作。你是专家，我是外行，我说的只是一种想法。"

谢立惠埋头沉思片刻后说："理论上应该是可以的，但技术难度非常大，要对部分线路进行调整，我先试一下。"

潘梓年高兴地抓住谢立惠的手说："我们的书呆子，真的行？好！好！好！但有一点，这项任务你不能让大家知道和发现，更不能咨询别人，收音机也不能带回家。"

接下来几天，谢立惠冥思苦想，查阅大量资料，反复进行论证。他还将物理系的一些器材拆开组合，进行试验，最后终于找到解决的办法。以后，特务多次例行检查，经他改装的收音机没有露出任何破绽。

为了不影响发报机、收音机的正常工作，谢立惠还绞尽脑汁，克服在维修方面出现的种种困难——如果需要的零件在无线电商店是控制出售的，他就编造理由，由重庆大学物理系开具证明购买。如果损坏的零件在商店一时买不到，他就在学校无线电实验室仪器储藏室先找适配零件应急，过后再去商店寻找相同性能的零件还原。储藏室的零件虽然是可以定期报损的，但潘梓年提出，要小心谨慎，不能因小失大，让人家发现你做的事。

在抗战时期，谢立惠有时远程指导陕北等国统区以外的无线电通讯设备修理工作。

作为无线电技术专家，周恩来曾安排谢立惠去陕北解放区，1946 年，由中国共产党组建的河北张家口华北联合大学也曾希望谢立惠前往任教，但由于一家上有老，下有小，爱人又有病，他走了，家里的生活根本无法维持。如果全家去，又交通不便，最终没能成行。对此，他终身引以为憾。

1952 年 10 月 30 日，时任上海市工务局副局长的汪季琦同志曾回忆：

谢在当时系与吴玉章有联系，并组成自然科学座谈会，在新华日报出副刊，后又发起组织中国科学工作者协会。是很靠拢我们的。解放区有关无线电通讯工作，他也帮助不少。他本人是个思想进步的物理学家。

1958年，谢立惠从重庆西南师范学院调到成都电讯工程学院任院长。有一天，他偶然发现院办公室主任孟心田同志拿到一封电报码，不用查电码本，就能直接译出。

谢立惠问孟心田："真不简单，你是如何获得这种本事的？"

"我过去在重庆是'敲榔头'的，"孟心田比划着收发报手势说，"在新华日报社，是报务员。"

"哦，新华日报社，化龙桥，虎头岩，我去过的。"谢立惠非常高兴。

孟心田倒不觉得意外："谢院长，其实我早就听说解放前你是自然科学座谈会的人，经常到新华日报社去。当时你是重庆大学的教授，有一件事，我想打听一下，那时我的收发报机有了毛病，通常是重庆大学的一位教授修好的，你肯定认识他。"

"NC200号。"谢立惠一口回答。这就是那个发报机的型号。

“NC200 号，对！”孟心田睁大眼睛注视着谢立惠，猛然醒悟，“明白了，明白了，那修理机子的人就是你！”

谢立惠激动地说：“就是我。”

两个人的手紧紧地握到了一起：“原来我们是没见面的老战友！都快 20 年了。”

在抗战时期，南方局有一条铁的纪律，在虎头岩、曾家岩、红岩村等地，与任何人偶尔碰到，非工作需要，彼此不准打听姓名。通常发报机、收音机出故障，潘梓年让人搬到一间密室，让谢立惠修理。有一次，由于来不及修好，谢立惠还在报馆住了一个晚上。修理工具报社不齐，也不专业，都是由他从重庆大学带过去的。

为了提高修理能力，他平常一有机会，就装配、拆卸、改装收音机，也帮人修收音机。20 世纪 40 年代，他曾组装过一部电子管收音机，装配零件和技术都比较高级。“文革”时，造反派捏造他利用这台收音机向美国发报，泄露我国引爆原子弹日期，要将他打成“现行反革命”、“特务”。因为造反派提出的发报日期比《人民日报》刊载原子弹成功爆炸消息的日期还要晚，结果闹了一个大笑话。

第三节　中国最早的雷达研制者

1940年，希特勒对英国实施了“海狮”作战计划。德国空军几乎倾巢出动，对英国本土进行不间歇性轰炸。最初，皇家空军损失巨大。不久，英国科学家发明了一种探测器，可以在几百公里的区域内探测到是否有飞机来袭，这就是雷达。作为“秘密武器”，雷达的出现粉碎了德国空军元帅戈林欲做空中霸主的美梦。

中国的无线电技术研究起步较晚，20世纪20年代初，有一些外国人在中国建立了广播电台。1928年8月，“中央广播电台”（简称“中央台”）在南京建立。1932年11月，该台的发射功率由500瓦增加为75千瓦，成为当时亚洲地区发射功率最大的一座电台，覆盖范围可达东南亚。1937年抗战前夕，为扩大宣传，国民党先后在20多个地方建立了广播电台，形成了中国最初的广播网络。比较欧美发达国家，中国的无线电技术总体发展水平是非常落后的。

1944年，有关雷达的消息传到中国，一些搞无线电的人把它描绘得非常神秘，说它是能探测飞机行踪的有力武器，以中国人现有的科研人员和水平，根本不可能研制出来。

出于对“重庆大轰炸”的深刻印象，国民党军令部二厅技术室无线电组决定研制这种“秘密武器”。

技术室地处重庆沙坪坝附近的红糟房，是国民党军事技术研究机关，下设三个组：无线电组、物理组、化学组。其中无线电组规模最大，组长郑建国，所辖研究人员20人左右。物理组组长由周同庆[①]兼任，主要是试制地雷探测器，与谢立惠是东南大学附中同学，内迁重庆的上海交通大学的物理教授。化学组组长吴荣熙，主要搞燃烧弹。技术室还附设一个金属加工厂，制造各小组需要的金属件和小发射机上用的小型可变电容器。

技术室的技术力量非常强。技术室主任魏大铭，副主任陶士珍、束星北[②]任技术顾问。魏大铭毕业于通讯部的通讯技术训练所，是抗战初期中国国际和商业电台所有报务员的“报务员领班”。他负责管理戴笠领导的军统系统的特务通讯处，进行人事培训和密码分析，曾带领一组人成功破译日军偷袭珍珠港情报。八年抗战时期，

---

① 周同庆（1907—1989），我国著名物理学家、教育家。长期从事光学与光谱学、气体放电、等离子体以及物质结构等研究工作，是我国最早从事光学、真空电子学和等离子体物理学等领域的领军人物之一，复旦大学信息技术学科领域的学科带头人，他主持研制出中国第一只X光管；中国第一台质子静电加速器和第一台电子模拟计算机。

② 束星北（1907—1983），江苏省扬州市人，理论物理学家，“中国雷达之父”。毕生致力于我国教育事业与科学研究，有深厚的数学物理基础，讲课富有思想性和启发性，培养了一批优秀的物理人才。我国早期从事量子力学和相对论研究的物理学家之一，后转向气象科学研究。晚年，为开创我国海洋物理研究作出了贡献。

中国有“两个半电讯人”之说，其中一个就是魏大铭。

束星北是浙江大学（迁贵州遵义）物理系教授，也是无线电方面的专家。1943 年，他装配了一个低压收音机，可以收听国外的广播，在当时无线电行业看来，这是一件非常了不起的事。魏大铭负责军令部在重庆綦江举办的“军令部电讯人员训练班”，得知这一消息后，专门聘任他为无线电技术教师，以后又任命他为技术室副主任。

1944 年 7 月，魏大铭让束星北全力以赴制造雷达。谢立惠的名气，束早有所闻，并向魏推荐，请谢立惠负责研制雷达的接收部分。魏大铭当即表示同意，因为他也了解一些谢立惠的情况。11 月，束通过他的学生李博（时任国立女子师范学院物理系副教授）找到谢立惠，并专门陪他参观实验室，征求他的意见。

在与束星北谈话后，谢立惠立即与梁希、潘菽商量，并向潘梓年做了汇报。潘梓年传话给他：“到技术室可以，但不能脱离重庆大学，只能兼任；不接受委任状，只接受聘任；不要任何官衔。这样既不加入国民党，又有进出技术室的自由。如同意这三个条件，就可以去。同时，要慎重。进去主要是摸清他们在研制什么，同时也可以提高技术水平，将来国家建设用得着。”

几天后，潘梓年又专门找谢立惠谈了一次，重申这三个条件，要求他注意保护自己，千万不要坠入“陷阱”。对潘梓年的教诲，谢立惠充满感激，又增添了许多信心。

谢立惠到无线电组报到的第一天，束星北把他找到办公室，递给他一张已经盖上大印的兼任“上校技术顾问”聘书。

谢立惠马上推脱：“事前我们已经谈好了的，我可以在技术上帮你们，但这上校军衔名义是万万不能要的。”

束解释说：“这个‘上校’不是军衔，军衔就不能用聘书了。这是上校待遇，各方面有特殊照顾，这一官阶比教授实际待遇要好得多。”

无论束星北如何解释，谢立惠坚持不接受聘书，并希望换个研究员的聘书，否则不干。

束无可奈何地说：“你真是迂夫子，别人千方百计地想要一个上校待遇，你却是死活推脱。”最后，他与魏大铭商量，只好给了他一个“简任”研究员的聘书，并告诉他，“简任”是表示照“简任”待遇。

在技术室，“专任”就必须加入国民党，“简任”就没有这一要求。经过接触，魏大铭对谢立惠非常看重，多次劝谢立惠转“专任”，说那样职务可以上升快一些。谢立惠与他敷衍，说自己在大学自由惯了，不愿意受约束。因为他是“简任”，工资不能照清单拨付，只能以

“器材设备费”的名义拨出。

研究试制雷达，全国无线电行业还没有先例，世界上也很少有国家掌握这一技术。谢立惠在青年时期，作为业余无线电爱好者，对于电离层与电波传播很有兴趣，阅读过有关方面的一些书刊。研究、设计、试制雷达，在业务上，他与束星北等都感到无从下手。

重庆大学工学院院长冯简[①]教授是无线电行业的老前辈，当时还兼任位于重庆小龙坎的中央广播电台台长。他在电离层的研究方面很有造诣，在电台区域内，建立了电离层探测研究室。

谢立惠虽然与冯教授是同事，都是从事无线电专业，但尊他为老师，平时经常向他请教，两人私交甚好。

因为研制雷达原理处于摸索阶段，谢立惠就专门拜访了冯教授。冯拿出他的电离层探测设备的结构和电路图，讲解其工作原理，还拿出他对电离层长期测试的记

---

① 冯简（1899—1962），江苏嘉定人，1913 年入南洋公学。1920 年入美国康乃尔大学专攻无线电通信工程，获硕士学位，并先后到美国奇异电气公司及德国柏林大学进一步深造，又在德国 AEG 电气公司工作。1924 年回国。奉命建立了当时最早的中央广播电台，是我国无线电研究的创始人。北伐时期主持北伐军总司令部采用短波通信的工作。抗日战争时期历任中央广播事业管理处总工程师、交通部电波研究所所长等职，执教于南京工专、苏州工专、东北大学、北平大学；抗日战争时期任重庆大学工学院院长、电机系教授，后任台湾大学电机系教授。为我国培养无线电通信科技人才和推广短波通信方面贡献卓著。并且为了科学研究的需要亲赴北极收集数据资料，是我国到达北极第一人，也是我国为数极少的电离层权威之一。

录和研究论文，与谢立惠交流。

谢立惠很受启发。回到技术室，他反复思考冯教授的测试结果，意识到，电离层探测设备的主要原理是发射机发射脉冲短波，经过电离层（E层或F层）的反射，再由同地点的接收机接收到反射脉冲短波。从发射到接收，中间有一个时间差，加入物理参数，就可测出电离层的高度。

雷达也可能基于类似的原理，利用飞机反射回来的无线电波，测出目标飞机到雷达所在地的距离。两者的共同点就是利用无线电波的反射来测定距离，不同点是反射体不同，一个是离地表高度100公里以上庞大的电离层面，一个是面积小、距离可远可近的飞机。如果根据物理和无线电的原理，两者设计就有很大的差别，设计研究雷达相比研制电离层探测设备，困难要大得多。

弄懂了这个道理，谢立惠立即约束星北到广播电台电离层探测室参观，并与冯教授一起探讨参考电离层探测器的原理，进行雷达研制的可能性。回到技术室，束星北再次与谢立惠讨论，将形成的意见向魏大铭、陶士珍做了陈述。征得同意后，无线电组制订了雷达研究试制的具体方案。

谢立惠在雷达研制过程中，不断地提出一些关键性问题：

第一，电离层面积大，不怕电波的绕射，可用波长较长的短波。飞机的尺寸较小，米波在飞机上都会产生绕射，因此，雷达只有发出比飞机尺寸小得多的波长，要米波以下的电波，才能在飞机表面上形成反射。但要发射米波，首先要解决发射管的问题。

第二，用于电离层的脉冲短波对方向性要求不高，而雷达的无线电波波长短，要求方向性好一点，易于辨别飞机的方向。

第三，电离层相当高，高度变化慢。而飞机可能飞得比较近，脉冲宽度要很窄，不然在显示器上发出的脉冲波可能与反射的脉冲波重叠，就分不清目标。

第四，飞机反射面很小，反射波很弱，所以发射机功率就要大，对接收机的灵敏度要求特别高。

第五，雷达的发射机和接收机要用同一天线。发射机发射大功率的脉冲波，将通过同一天线输入到接收机，将把接收机的电子管烧坏。这个问题如何解决？（当时还未想到用开关管，以后想到时，也找不到这种管子）

这些问题的提出，极大地加快了研制的速度。

按照设计原理和研制方案所要求的元件规格，谢立惠与束星北开始清查技术室的储藏室。技术室的实验仪器和零件都是从美国购买的，无线电元器件成色相当新，种类也比较齐全。谢立惠曾经回忆：

> 重庆大学的理学院和工学院的无线电实验室所有的仪器设备，亦不过无线电组的百分之几，用于学习研究的图书资料也比大学多得多。

但就是这样的储藏室，找到的也只有米波的发射管和接收管。在这种条件下，他们决定先试制三米波的雏形雷达，以一个远处粉刷的高墙为反射目标，使用较窄脉冲。当时大家的想法是，在已有条件下先掌握基本原理，积累经验，等物质条件好了，再研究实用雷达。

按分工，谢立惠主要负责试制高灵敏度的接收设备，郑建国负责试制脉冲调制的发送设备和天线。接收设备比发送设备要复杂得多，技术室的示波器不合用，要另外设计显示设备。1945 年，李诗豪到技术室无线电组工作，协助谢立惠搞显示设备的试制工作。

按技术室的要求，谢立惠和郑建国还负责指导技术人员试制可移动的电话窃听器，检查出入人员是否带铁器的检测设备等。但总体上没有出什么成果，大多送到工厂后，搞出成品就搁置了。很多高科技的东西都是到美国采购，既省事，又可以从中赚到外快。

1946年春，国民政府准备迁回南京。军令部二厅技术室也要迁走，并拆除已设计好的雷达样机。这个样机接收设备显示的灵敏度符合要求，但用于控制的开关管没有搞到，试制的发送设备发送功率太小，但这个半成品却是中国的第一部雷达。

已就任技术室主任的陶士珍非常看重谢立惠的学识，极力挽留，许以高官厚禄，希望他随迁南京。谢立惠断然拒绝，称重庆大学比较看重他，不好辜负，并主动退出了技术室。

对于这一段经历，中共成都电讯工程学院委员会1979年1月3日研究，以（78）党字第061号上报，中共成都市委1979年3月20日研究，以成组发（79）110号文件确认，对谢立惠担任伪军令部二厅技术室雷达研究员的问题进行审查，得出结论：

> 一九四四年至一九四六年期间，谢立惠同志被聘为伪军令部二厅技术室研究员，参加雷达机接收部分的研制工作。谢立惠同志当时主要工作是在重庆大学任教。一九四六年夏，伪军令部技术室迁往南京时，谢立惠同志拒绝去南京而脱离关系，未发现政治问题，属于一般社会经历。这段

历史是清楚的。

1947年，谢立惠买到两本由英国人编写的论述雷达原理和技术的书，上面阐述的内容与自己在无线电组设想的雷达原理和结构大致相同。他顿时大悟，试制的雏形雷达没有完成，只是因为物质基础达不到，但思路没有错。

对于这一结果，谢立惠的心情非常复杂。按初衷，他是想和大家一起制造出中国第一部雷达，并以这一成果向西方人宣告：欧美科学家做的，中国人也能够做到。

理想化为泡影，面对旧中国科学技术发展命运的多舛，谢立惠更加迫切地盼望早日建立自己一直为之追求的、由人民当家做主的新中国，能够为新中国研制雷达，这种想法一直延续到新中国成立后。1951年春，西南军政委员会文教部调谢立惠任西南师范学院院长，他几个月没有到任，其中一个思考就是只想研制雷达，搞技术，不想当院长。

第六章　肇始九三

第一节　参加“民主科学座谈会”

1943 年 1 月，自苏联的斯大林格勒保卫战歼灭德军 33 万人之后，世界反法西斯战争捷报频传。在中国最广大的抗日根据地，中国共产党领导的武装力量粉碎了国民党顽固派发起的第三次反共高潮，各解放区开始进入局部反攻阶段。

然而，与国际反法西斯形势、与共产党领导的抗日根据地出现的欣欣向荣景象相反，国民党统治区出现空前危机。

在太平洋，美英作战进展顺利，日军处于颓势。为支撑战局，日军于 1944 年 4 月发起豫湘桂战役[①]。国

① 豫湘桂战役　1944 年 4 月 17 日至 12 月 10 日，日本侵略军为挽救南洋日军孤立，摧毁美国在华空军基地，打通华北到华南以至印度支那的大陆交通线，在河南、湖南、广西等地发动大规模战略进攻。是役，日军以总兵力约 50 万，使国民党军队在豫湘桂战场上损兵六七十万人。丧失国土 20 余万平方公里，丢掉城市 146 座，失去空军基地 7 个、飞机场 36 个。

民党军队除在衡阳等地进行了较为激烈的抵抗外，其他地方均丢盔弃甲、溃不成军。日军兵锋一度指到贵州独山，陪都震动。重庆国民政府对日妥协的论调再次重谈，身为国民党要员的孔祥熙等人甚至已经准备好逃跑的飞机。

这些消息时刻牵动着谢立惠等人的神经，让他们时而兴奋，时而感到非常沮丧。他们不明白，为什么有了美式武器装备的国民党军队，面对日军还是屡屡失利，而共产党以劣质武器装备，却能牵制在华大多数日军，让其疲于奔命。

这一时期，在中共南方局的引导下，谢立惠等频繁进行座谈。大家进一步认识到，正是由于国民政府当局政治上独裁、官员腐败无能，战略上采取积极反共、消极抗战、避战、观战的政策，致使它的军队在日寇面前毫无斗志可言。在反法西斯战争注定胜利的时刻，大家在密切关注局势发展的同时，开始讨论民主建国，讨论中国的前途与命运问题。

10 月 10 日，根据中共中央和毛泽东的指示，周恩来在延安发表了《如何解决》的演讲，强烈呼吁：

> 我们认为改组政府、改组统帅部，成立各党派联合政府、联合统帅部，废除失败主义的“军令”

和法西斯主义的“政令”，是挽救目前危机切合时要的唯一正确方案。

周恩来还就成立民主联合政府提出了六个具体步骤。

中共的主张发表后，陪都重庆文教、科学技术、实业界人士也纷纷联合起来，组织社团，发表宣言，附和中共的主张。

自然科学座谈会的同志学习讨论了中共中央的主张。谢立惠认为，成立民主联合政府，是抗日民族统一战线在政权问题上的最高体现，反映了全国人民的根本利益和迫切愿望。按照中共南方局的指示，他还有意识地在重庆大学教师中挑起主义论争，借以广为传播中共的主张。

对于国民党正面战场的连连失利，以及重庆国民政府内部再度弥漫的投降空气，社会活动家许德珩也深感不满。在独裁统治之下，他希望能为国家出一点力的想法是根本无法实现的，只能沉闷地看着时局的发展。10月，中共的号召让他感到耳目一新，仿佛看到了中国未来发展的方向。

这一时期，黄国璋经常到位于重庆主城的枣子岚垭雅园许家串门，他是许夫人劳君展哥哥的朋友。大家谈国内国际形势，讨论中共关于民主联合政府的设想，彼此有很多共识。以后，黄国璋又约潘菽一起到许家串门。因为潘菽是自然科学座谈会的成员，与新华日报社关系密切，掌握了很多时事信息，且许、潘原本就是五四运动时的难友，大家相见甚欢，谈兴甚浓。

此后，先后有梁希、卢于道、张雪岩、褚辅成，以及东北少帅张学良的重要幕僚王卓然、抗日英雄冯玉祥将军的重要幕僚孟宪章等重庆一批有影响的文化科教界人士、社会名流，还有一些经济工商界的朋友，也慕名参加进来。民主科学座谈会的成员都是非常有影响的社会活动家。由于谈的话题多与时局、政治有关，为了安全和方便，聚会地点有时也放到督邮街广东酒家或别的地方。

随着参加的人越来越多，有人提议，有必要进一步团结起来、组织起来，更好地配合中国共产党开展抗日救国活动，团结更多的知识分子投身到抗日救国运动中。经过大家一致协商，同意把这一座谈形式固定下来，命名为“民主科学座谈会”。

民主科学座谈会每周举行一次，着重讨论“民主科学”与“团结抗日”问题，提出继承和发扬“五四运动”反帝反封建的民主、科学精神，倡导团结、民主、抗战到底，反对国民党独裁统治，拥护中国共产党建立和领导的抗日民族统一战线的政策主张。

由于自然科学座谈会成员是秘密的，不便于扩大组织，团结更多的知识分子参加抗日救国，中共南方局明确要求自然科学座谈会成员逐步转入民主科学座谈会。

当时参加或离开群团组织是完全自由的，不需要什么手续。由潘菽、梁希等介绍，谢立惠、涂长望等自然科学座谈会成员，在不长时间里，陆续加入民主科学座谈会。谢立惠对许德珩非常尊敬，因为他是五四运动的先锋，在长期政治斗争中，坚持进步，坚持团结，作风正派，在进步群众中享有较高威望。

由潘菽介绍，重庆大学教授、重庆自来水公司总工程师税西恒①也加入了座谈会。有两次，座谈改在七星岗打枪坝重庆自来水公司税述之（税西恒的侄子）家。但那里人来人往，极不安全，后来主要在两路口新村5号税西恒的家进行座谈。

---

① 税西恒（1889—1980），名绍圣，四川泸州人。早年就学于上海中国公学。1911年加入同盟会，曾参与谋杀摄政王的活动。次年，考上公费赴德留学，1917年回国后，先后任永宁道尹公署建设科长，建成泸县济和发电厂；任总工程师，建成重庆自来水厂；任四川甲种工业学校教授、重华学院院长、中国公学大学部校长，重庆大学工学院院长兼电机系主任，开展实业救国和教书育人工作。抗战胜利前夕，任蜀都中学校长，此校为中共地下组织联络据点。新中国成立后历任第三、第五届全国人民代表，第二、第三届全国政协委员，西南军政委员会文教委员，重庆市政协副主席，重庆市和四川省人民代表，九三学社六届中央委员会副主席、重庆分社主任委员。

税家邻居都是社会上有身份地位的人，不容易引起特务的注意。从那时起，谢立惠与税西恒长期在一起工作学习，结下了深厚友谊。

到了1945年三四月间，局势稍有好转，一部分社会名流、经济工商界的朋友渐渐不来了，而谢立惠等自然科学座谈会的同志和部分文教科学界人士坚持下来，座谈会以科学技术界、文化教育界高级知识分子为主的特点凸显出来。

1945年8月15日，日本天皇宣布无条件投降，9月2日，日寇在投降书上正式签字。经过八年艰苦卓绝

由张西曼发起和主要负责的中苏文化协会是“九三座谈会”活动的重要据点。图为中苏文化协会旧址。

的斗争，中国人民终于赢得了抗日战争的伟大胜利，全国人民沉浸在喜庆欢乐之中。

9月3日，民主科学座谈会同仁在张西曼[①]主持的重庆七星岗中苏文化协会进行座谈，庆祝抗战胜利。

在极其热烈的气氛中，有人提议，抗战胜利了，大家将回到不同的城市，建议将座谈会建成永久性的组织，以便长期存在和发展；还有人提出，打败日本帝国主义意义重大，民主科学座谈会这个名称政治意义不强，不如改为九三座谈会，以纪念这一伟大的日子。

这两项提议得到与会者的热烈拥护。民主科学座谈会正式更名为九三座谈会。

然而，随着抗战的结束，内迁机关和学校即将复员（指武装力量和政治、经济、文化等部门从战时状态转入平时状态），座谈会的成员来自天南海北，复员后即各奔东西，九三座谈会能否继续存在？能否成为永久性的组织？主观愿望和客观现实间存在的矛盾，加之时间紧迫，使得该组织面临着进退维谷的境地。

① 张西曼（1895—1949），又名百禄，男，湖南长沙人。中国早期马克思主义的传播者，《民主与科学》杂志社社长兼总编，九三学社创始人之一。中国近代史上著名的国民党左翼人士、进步的社会活动家，中国共产党的老朋友，坚定的爱国主义者和英勇投身于抗日运动的民族英雄。

第二节　受毛泽东主席接见

1945年8月28日，中共中央主席毛泽东飞抵重庆，开始了“重庆谈判”。这一消息犹如一声惊雷，传遍了重庆的每一个角落。

谢立惠听到消息，感到非常意外。因为报纸对蒋介石邀请毛泽东的消息早就炒得沸沸扬扬，很多报纸断言，毛泽东不会来、不敢来。国民党《中央日报》和部分报纸开始大放厥词，将破坏和平的责任嫁祸于中共中央和毛泽东。他对毛泽东为了国家民族利益所表现出来的雄才伟略、非凡胆识钦佩不已，而让他担心的是，蒋介石反复无常、背信弃义，为了个人和国民党集团利益，什么都干得出来。重庆国民党军宪警特渗透到社会各个层面，逮捕、迫害、暗杀、窃听，无所不用其极。忧喜交加的心情让谢立惠彻夜难眠。

9月下旬的一天，谢立惠接到中共南方局的通知，毛泽东主席要接见中央大学和重庆大学著名教授，他和梁希、潘菽、金善宝、涂长望、干铎、李士豪等自然科学座谈会成员在受邀之列。这是谢立惠一生中最兴奋、最难忘的时刻。

按通知时间，大家兴冲冲地赶到嘉陵江边张治中将军的公馆——桂园，他们非常熟悉的中共南方局候补委员、外事组组长、毛泽东主席临时秘书王炳南[①]已在门口迎候。

进入会客厅，毛泽东早已等候在那里，与大家一一握手。由于见到心仪已久的毛泽东主席，谢立惠与大家一样，心情非常激动，只是多了一份一直把自己看作是党的一员，对自己领袖的特殊感情。他紧紧地握着毛泽东的手，深情地凝望着他，连客套话都忘记了说。

寒暄落座后，毛泽东没有一点架子，像见到久违的朋友，他拉家常似的和大家交谈起来，先是说重庆气候湿热，有些不习惯，又谈到飞抵重庆的经过和一路上的见闻。

他向大家介绍了延安的经济社会发展的一些情况，对国统区各界人士过去给予延安在精神、物质上的支援与帮助，请在座的同志转达谢意，并特意提到两件事：一件是重庆的朋友给延安送去急需的农业技术资料和良种，另一件是重庆的科学界朋友提供了气象资料，这次

---

① 王炳南（1909—1988），陕西乾县人。1925年加入中国共产主义青年团。1926年加入中国共产党。1929年赴日本留学，1931年转去德国，1936年春，被中共驻共产国际代表团派回国内。抗日战争时期，先后任中共中央南方局国际宣传组负责人、南方局外事组组长、中共中央南方局候补委员等职。1947年春随代表团撤到华北解放区，担任中共中央外事组副组长。中华人民共和国成立后，先后任政务院外交部办公厅主任、部长助理、中国驻波兰大使兼中美大使级会谈中方第一任首席代表、外交部副部长。曾当选为中共第十二大代表，第一、第三届全国人大代表，第六届全国人大常务委员、外事委员会委员，第五届全国政协常务委员等。

飞重庆也派上了用场。

这都是座谈会的同志按中共南方局的要求，做的一些工作。金善宝在了解延安在农业方面的需要后，曾寄去一些技术资料和良种；在延安急需西北地区气象资料的时候，涂长望向延安提供了这方面的资料，还有一批气象书籍。

毛泽东点燃一支烟，深深吸了一口，然后说："谈谈吧，你们有什么意见（指抗战胜利后国内时局）？"谢立惠注意到，毛泽东的动作非常优雅、沉稳，让人感受到一股强大的毅力、自信心。

重庆谈判期间，毛泽东在城内的办公地址桂园。毛泽东在此会见了梁希、金善宝、潘菽等中央大学知名教授和重庆大学知名教授谢立惠。

梁希首先发言："我们感到很苦闷。"

毛泽东等梁希继续说，但梁希望着毛泽东，没有了下文。

毛泽东频频点

头，细声地重复着梁希的话，“噢，苦闷——苦闷——苦闷。”

接着，谢立惠和其他同志就抗日战争胜利后的中国时局、国共和谈、中国的前途和命运等方面问题，向毛泽东请教。毛泽东一一答复，并详细解释中国共产党在抗战胜利后的路线、方针和政策，强调最迫切的任务，是保证国内和平，实现民主政治，巩固国内团结，以期实现全国统一，建立独立、自由与富强的新中国。

谢立惠感到毛泽东的谈话极富哲理，条理清晰，而且语言非常通俗，三言两语就能把很深奥的政治问题说得非常清楚。过去看毛泽东的论著，有这种感觉，而真正当面聆听教诲，这种感觉就更加强烈。他也曾经研究过蒋介石的一些讲话，总感到内容非常空洞，口号倒是喊得非常响亮，但实际怎么做，不知所以然。比较蒋介石，对毛泽东的领袖风范，谢立惠更加钦佩不已，并在内心深处进一步坚定了自己人生的选择。

这时，潘菽突兀地问了一句：“为什么要把已经解放的一些地方让给国民党？”报刊披露，9月19日，周恩来在重庆谈判中提出：中国共产党领导的武装主动从广东、浙江、苏南、皖南、皖中、湖南、湖北、河南八个省区的根据地撤退，到陇海路以北及苏北、皖北集中。大家对这一问题非常不理解。

毛泽东站起身来，在椅子旁边向后边退边说："退一步是可以的，退两步也可以！"然后停下来，做了个还击的动作，幽默地说："退三步就不可以了！"大家马上会意地笑了。

座谈即将结束时，毛泽东注意到坐得靠后的金善宝一直没有发言，便亲切地问道："后边那位白发先生有什么意见？"

当时金善宝虽然只有49岁，但由于长期患胃病，加上工作劳累，生活艰辛，已是满头白发。他早准备了一张名片，想送给毛泽东，一直没有合适的机会。见毛泽东点到自己，便迅步向前，把名片呈上去。

毛泽东看了名片，高兴地说："噢，你就是金先生！金先生今年高寿喽？"

"我今年50整。"金善宝不忍让日理万机的毛泽东分心，临时说了个整数。

"噢，想不到我还长你三岁哩！"毛泽东爽朗地笑了。他请金善宝也发表意见。

金善宝考虑到抗战胜利后，蒋介石包藏祸心，早有发动内战的迹象，担心毛泽东在重庆不安全。

他说："今天我们都很高兴。从历史上看，人民总是要革命的，而革命又总是要流血的，不流血的革命是不会成功的。"

“毛先生是吃惯了小米的，到这里来吃大米是不习惯的。”他暗示，大家都非常担心毛泽东的安全，希望他早日离开重庆这个是非之地。大家还向毛泽东汇报了九三座谈会的情况及其面临的是存在还是自行解散的两难选择。

毛泽东很理解大家的心情，频频点头表示理解。继而，他对国内外形势及其发展趋势做了一个分析，强调谁要违背人民的意愿，公然破坏和平，挑起内战，就是以人民为敌，注定会失败。

毛泽东的一席谈，让参加会见的同志心里亮堂了许多，充满了希望，很多担心、苦恼也随之烟消云散。而谢立惠却有了更深一层的认识，有了这样的领袖，蒋介石的反动政府必将垮台，未来的新中国必将是由中国共产党领导的、人民的新中国。

会见结束时，毛泽东满怀深情地说：“我十分感谢诸位教授先生们，在爱国、民主、和平方面，我们的心是相通的。”

此后，在红岩村八路军办事处，毛泽东还特意安排会见了自己的老朋友、“九三座谈会”负责人许德珩、劳君展夫妇，并建议他们与其他同志商量一下，将“九三座谈会”办成永久性的政治组织。许德珩夫妇认为“座谈会”人数太少，怕没有太大的社会影响。

毛泽东强调："人数不少，即使人数少也不要紧，你们都是有影响的代表人物，经常在报纸上发表意见和看法，不是也起很大作用吗？"

在毛泽东的鼓励、推动和周恩来的指导、协助下，"九三座谈会"成员间有了更加频繁的接触。

按照中共南方局的指示，谢立惠和潘菽、梁希等"自然科学座谈会"的成员积极配合，做一些组织发展工作，吸收进步成员，扩大了"九三座谈会"队伍。

第三节　参与发起成立"九三学社"

1946年1月6日，"九三座谈会"举行大型座谈，会议决定，为了使组织从名称上看像个正式组织而不是座谈会议，又为了保护组织，加强扩大团结面，把"九三座谈会"改名为"九三学社"；成立筹备会，公推褚辅成、许德珩、张西曼等人筹组九三学社。

"九三"，即纪念1945年9月3日，日寇签字投降，抗战胜利，具不太明显的政治性；"学社"，强调这一社团是以科技、教育界知识分子为主的学术界群体，具有明显的学术性，有利于团结更多的知识分子参加进来。

会后，九三学社在《新华日报》、《大公报》上发表了成立宣言。九三学社逐步演化成团结一批高级知识分子，追求和平、民主与科学的政治团体。在随后的四个月，国内反独裁、反内战的斗争风起云涌，“两个中国之命运”进行激烈论战。在中共南方局的支持下，九三学社筹备会在斗争与思考中，开展了非常积极的筹备工作。

1946 年 5 月 4 日，在中国民主政治发展的进程中，是具有非常重要意义的一天。这天下午 3 点到 7 点，中国民主党派——九三学社在重庆青年大厦召开大会，正式宣告成立。

选择 5 月 4 日这一天，是因为国民党蒋介石与美帝国主义勾结，蓄意发动对中国人民的进攻。面对如此险恶形势，“筹备会”认为，知识分子在全国人民面前，还应负起责任，继续发扬“五四”以来反帝、反封建、反官僚资本主义的精神，继承革命的先进知识分子的光荣传统，与各阶层人民站在一起，和一切反动派做坚决的斗争。同时，也是为了更有效地团结科技、教育

重庆青年大厦

界的进步力量，促进旧政协的召开。

会前，自然科学座谈会的成员进行了座谈，明确要全力以赴地促成完成会议既定的各项议程。谢立惠也提醒自己：知识分子终于有了自己的政治归宿，这是一件非常了不起的事。今后要加倍努力，在争取和平、消除腐败、建立新中国的历史进程中，做好党团结知识分子的工作。

参加成立大会的有褚辅成、卢于道、黄国璋、许德珩、税西恒、吴藻溪、张雪岩、詹熊来、潘菽、黎锦熙、彭饬三、李士豪、刘及辰、王卓然、谢立惠等五十余人。会议推选褚辅成、许德珩、税西恒组成主席团。

在会上，褚辅成致开幕词，许德珩报告筹备经过，税西恒报告社费收支账目。会议宣读了农林科学出版社及南泉实用学校（社、校均由吴藻溪主持）校友发来的贺电。

卢于道、王卓然、黄国璋、张雪岩、张迦陵分别在会上发表演说，指出：武力不能求得统一，东北及中原的内战必须立即无条件停止，在政府根据协议改组以前，美国不应有援助中国的任何党派之行为，希望马歇尔元帅继续以公正态度，调处国共纠纷，实现全中国的和平民主。

会议通过了由吴藻溪撰写的《九三学社缘起》、

《九三学社成立宣言》、《基本主张》、《对时局主张》及致美国国会电文等文件，提出九三学社国是主张，阐明战后建国的理想与途径，以及对政治、经济、学术文化的见解，决心为争取国内和平民主做出不懈的努力。

大会选举产生了九三学社首届中央理事和中央监事，自然科学座谈会的潘菽、梁希分别担任了中央常务理事、中央常务监事。

大会选举许德珩、褚辅成、税西恒、潘菽、涂长望、吴藻溪、张西曼、黄国璋、张雪岩、彭饬三、王卓然、孟宪章、李士豪、笪移今、张迦陵、严希纯 16 人为理事，梁希、卢于道、黎锦熙、詹熊来、刘及辰、何鲁、侯外庐、陈剑鞘 8 人为监事。选举结束后，与会人士进行了聚餐活动。

从此，一个以文教、科学技术界高级知识分子为主体，为“民主与科学”而奋斗的民主党派诞生，并作为一支进步的政治力量，汇入了中国共产党领导的新民主主义革命的洪流之中。

1946 年 5 月 6 日，重庆《新华日报》以《九三学社召开成立大会》为题对这一事件进行了报道。

参与发起成立九三学社，谢立惠一直为之感到自豪。他认为，九三学社是在中国共产党的支持与帮助下成立的，在政治主张上始终与中国共产党保持一致，自成立起，在其发表的《成立宣言》、八项《基本主张》、《对时局主张》，以及在以后的政治活动中，政治态度一直非常鲜明，而不是站在“中间派”、“第三者”的立场。九三学社，包括自然科学座谈会、民主科学座谈会，一直都保持这样的政治态度。对此，谢立惠曾做过认真分析：

> 第一，九三学社正式成立较迟，国内政治斗争形势已明朗。九三学社从“筹备会”时期起，日寇已投降，国民党蒋介石政权的反动狰狞面貌，已逐步被广大爱国人民认识更清楚。人民要和平，蒋政权偏要内战；人民要统一，他们偏要分裂；人民要民主，他们偏要法西斯独裁；人民要独立富强，发展科学技术事业，发展工农业生产，他们偏要做美帝国主义的奴才，继续维持半殖民地半封建社会。大多数的真正的爱国民主人士，已对蒋政权丢掉幻想。较早成立的民主党派内部已在迅速分化。而那时所谓“中间派”是虚伪的，而不是认识不清的问题。
>
> 第二，九三学社的主要领导人许德珩、潘菽同志等，在早期“五四运动”中，就是反帝反封建的战士。在抗日战争时期，在周恩来同志等教育关怀下，他们要抗日、要民主、要团结的立场一直是坚

定的。九三学社的初期领导集团中，亦有个别的想利用九三学社做政治资本的，不久亦分化出去。

第三，九三学社的社员不多，大多数是自然科学工作者。自然科学工作者常有清高的“超政治”的思想。“超政治”是不可能的，但亦要辩证地看，有清高思想的，就不愿同国民党反动政权同流合污，不想到蒋家王朝做高官。

九三学社社员加入九三学社是要反美反蒋，而不是想利用九三学社做政治阶梯，因为那时九三学社社员少，力量不大。因此，当时绝大多数加入九三学社的社员动机是纯正的，是为着爱国、争民主、反美反蒋的。

第七章　剑指残锷

第一节　坚持原则，放弃留学机会

1946年6月，蒋介石悍然发动全面内战，造成空前的通货膨胀，物价飞涨，经济、金融状况濒临全面崩溃，民不聊生。

谢立惠回忆：

> 1935年到1936年间，一名大学教授的收入还能够勉强维持一个中等水平的生活，1936年到1944年之间，薪水迅速降落到原来的11%，而到了1946年，跌到3%，我记得伪币贬值最低时，一个月教授工资，只换得两个银元，也买不了多少米。因为物价飞涨，早晚市价不同，每次领了工资，要马上买米或换银元。

当时，谢立惠的家庭经济更加困难，弟妹3人的生活费、2个女儿上初中的学费都要支出。他的爱人朱传芳是小学教师，由于多年工作繁重、家务繁忙，生活条件又差，积劳成疾，1944年就患了肺病，严重时躺在床上翻身就吐血，也无钱去医院治病。1945年夏，二女儿慧瑗小学毕业，也只好在家休学一年。为了改善生活，他们还在房前屋后开了几片菜地，养了几只母鸡。

谢立惠曾说：

> 为了维持全家人的生计，我除了在重庆大学讲课外，还在国立女子师范学院、西南工业专科学校兼课，每周要上课20小时以上。那时有所谓“教授叫瘦，越教越瘦”之说。

1945年至1946年，国民政府决定选送一批高等学校理工农医方面的教授到美国或英国留学，前提是申请人从未出国留学过，教学效果好，连续教学时间长，且越长越有优先权。

到美国留学，每人给予经费4000美元，学习期为两年，而每年实际开销大约只要1000美元左右。两年2000美元的节余，可以给妻子治病，并极大地改善家庭的生活状况，实在是太诱人了。当时，在重庆大学，一个教授的每月工资还抵不上10美元。

根据教育部开列的若干条件，谢立惠比较适合。就此，他与自然科学座谈会的部分同志交换了意见。座谈会的同志非常支持他，认为到国外学习，可以提高学术水平，将来为国家做更多的贡献；与其让其他人去，还不如自己的同志主动去争取这个机会。

国民党军政部兵工专门学校（大学性质）校长方光圻[①]也主动提出，由他出面向有关方面打招呼，争取谢立惠到美国留学的名额。

方光圻过去是中央大学物理系主任、谢立惠的老师。因为谢立惠的学习成绩一直很好，方光圻对这个弟子格外垂青，一有机会都会给予照顾。谢家人口多，生活困难，方就聘请他到兵工学校兼课，并让他一家住在兵工学校教师宿舍。这里离重庆大学不远，上班近，四周浓荫森森，不易遭到日机轰炸，而且因为是兵工性质的房产，也不要房租。当时，民盟的金锡如也住在兵工学校。直到抗战胜利后，谢立惠才搬回重大住宿。

方光圻还告诉谢立惠，出国留学需要到中央训练团受训，要通过陈立夫的关系。你只要加入国民党，受一次训，我去说更有把握。

---

① 方光圻　物理学家。毕业于南京高等师范学校（1928 年更名国立中央大学）理化科，后留学美国芝加哥大学物理研究所。回国后任中央大学（1949 年更名南京大学）物理系教授、系主任。后到台湾，曾任陆军理工学院（中正理工学院）院长等职。

与陈立夫拉上关系，是当时很多人求之不得的，但作为一个进步民主人士，谢立惠不可能接触陈立夫，谋取不义。谢立惠回忆：

> 我猜想这里面可能有文章，我绝不能加入国民党，我不能为这优厚的待遇而出卖我自己。我就向方光圻婉辞，借口我的妻子有病，子女多，要照顾，不能离开。

不久，重庆大学公派名单公布，到英国去的两位教授分别是李锐夫[①]（原华东师范大学副校长、数学教授）、周怀衡[②]（数学系教授），他们都比谢立惠迟几年到重庆大学任教授，条件要差一些。为此事，很多人都替他惋惜。

对谢立惠的政治态度，方光圻还是有所耳闻的，且

---

① 李锐夫（1903—1987），浙江平阳人，精通英语，毕生从事数学教学和研究。曾任上海市高等教育局副局长、第五届全国人大代表，早期担负中学数学教学，编有《三角学》，被称为"李蕃三角"，并翻译英国中学数学教材《SMP》，把世界现代数学教学方法介绍到中国。

② 周怀衡（1905—2001），江苏宜兴人。1920年考入南京高等师范附中，1925年在东南大学数学系学习。曾任中央大学实验中学、江苏省立常州中学数学教师。1945年赴英国剑桥大学进修。回国后先后任重庆大学、复旦大学、安徽大学数学系教授。致力于有一无限极限的一个函数的福里哀级数的正指数总和性、Borel总和性、勤让德级数的发散性的研究。在《数学学报》上发表有《关于有一无限极限的一个函数的福里哀级数对于正指数总和性》等论文。曾任第三届全国人大代表、第五届人大常委，中国数学会理事、安徽省数学学会理事长。

并不表示反对。但在这件事上，他专门找到谢立惠，连训带劝：做人还是要现实一点，争什么主义、信仰，就放弃这样好的机会，实在可惜。你想想，把到国外留学的4000美元寄1/10给家里，你家里的生活不就改善了吗？真是一个书呆子。

有这么好的申请条件选择放弃，重庆大学张洪沅校长（1952年、1956年曾先后调任四川化学工业学院及成都工学院教授，1992年去世）以及其他不少同事都有些诧异。还有人真的以为他受家庭拖累，不求上进，或者就是大家所公认的“书呆子”。

作为一位学者，谢立惠何尝不想到科学技术发达的英美等国去深造。而对谢立惠来说，放弃自己的信仰，为留学、为改善家庭生活而加入国民党，是绝对不行的。

直到晚年，他也没有为此后悔过。

第二节　积极参加反对内战、争取和平的斗争

抗战胜利以后，国民党蒋介石在多种场合叫嚣中共必须首先交出军队，然后才给予人民“民主”，成立“联合政府”。如果中共不肯交出武装，实行军队国家化，在国人以及社会各界人士面前，就要由中共承担内战的责任。

蒋介石的真实意图在于消灭中共的武装，最后消灭中共，保持其法西斯独裁政权。作为政治性的学术团体，九三学社以发表宣言、通电、文章、参加游行等方式，与以蒋介石为首的反动势力进行不懈斗争。

谢立惠回忆：

当时，有一部分“中间派”的民主人士，附和国民党的言论，提出“国民党要在政治上让些步，共产党要在军事上让些步”。表面上好像搞调和，要两方面都让步，立场好像是公正的，实际是帮国民党反动派的忙。

中共当然识破蒋介石集团的阴谋诡计，坚持只有首先实行军队民主化和国家民主化，才能实行军队国家化。而九三学社提出的八项“基本主张”的第二项：“从政治的民主化，谋军队的国家化，反对属于党派或私人的武力，根绝内战”，正是明确地表明与中共一致的政治立场。

1946 年 5 月 12 日，九三学社召开了第一次理监事联席会议。会议由税西恒主持。针对当时美蒋勾结，破坏政协协议，全面内战一触即发的险恶局势，会议讨论了政治时局和九三学社的任务。

在会上，谢立惠慷慨陈词，认为蒋政权本质是要独裁的，绝不会容许异党存在，更不会容许中共军队的存在。因此，内战实不可避免。税西恒也强调，九三的同志既要积极反战，同时，在思想上要做好反动派发动内战的充分准备，还要学会保护好自己。

6月20日，陪都（重庆）各界人士4000余人发动签名运动，呼吁全面停战、实现和平。按照理监事联席会议的精神，谢立惠等在重庆的九三学社社员绝大多数都签了名。他还积极鼓动所有联系、熟悉的代表性人士参加签名活动。

6月26日，九三学社在重庆发表了对时局的意见，认为：

> 中国抗战八年，遍地灾荒，人民困苦已极，亟需休养生息，绝不能再打内仗。且内政问题，亦非军事所能解决，任何党派军队，倘为人民着想，就应立即放下屠刀，实行全面永久停战。

九三学社中央的“意见”发表后，谢立惠表示坚决拥护。他认为这一意见“反映了人民的愿望。共同的意愿把大家更紧密地团结在一起了”。

1946年6月，经过一年多的准备，国民党军队大举进攻中原解放区。蒋介石反动政权破坏停战协定、政协决议，全面发动内战的行径，激起全国人民的愤怒，反战浪潮一浪高过一浪。

在《新华日报》，重庆市各界人民，文教界和科技界代表人士分别有三四十人分别发表声明，呼吁实行和平谈判、反对内战。

为了征集签名，谢立惠广为联络，并将声明稿送到自然科学座谈会同志的家中，在重庆的座谈会大部分成员都在这两次声明上签了名。谢立惠回忆：

> 过去，在《新华日报》和《群众周刊》上写文章，都不用真实姓名，"座谈会"的活动也是不公开的。而这次签名，都是用的真实姓名，明确表达了大家反战的决心。签名以姓名笔画为序，干铎排在第一名。

9月3日是抗日战争胜利周年纪念日。九三学社发表了《为国际民主胜利周年纪念宣言》。《宣言》第一条提出"立即全面停战，停止一切破坏工作，实行《政协决议》，改组政府"。

1946年秋以后，九三学社绝大多数社员陆续离开重庆，分别到北平、南京、上海等地。为适应形势发展的需要，1946年10月，九三学社中央理事会迁到北平。

在迁往北平前夕，10月27日，在总社指导下，九三学社重庆分社在上清寺国民外交协会召开了成立大会，公推税西恒、何鲁、谢立惠、左昂、詹熊来、税述之、吴藻溪等15人为理监事。大会通过决议案：电贺旧金山中国及远东和平大会，希望美国人民有效制止美国政府的错误行为；电请联合国大会讨论联合国会员国在非敌国驻军问题，纠正美国对远东的政策等。

九三学社重庆分社成立以后，在税西恒、谢立惠等人的领导下，与总社和不久后在南京、上海等地成立的九三学社分社遥相呼应，努力实践九三学社的政治纲领，积极投身于全国反战民主运动，为新民主主义革命做出了积极贡献。

重庆作为抗战时期国民政府陪都，国民党经营多年，当时又是国民政府行政院院辖市，统治更加黑暗，反动军宪警特对进步势力的压制不择手段。谢立惠回忆那段艰苦岁月：

> 当时，九三学社是学术性政治团体，不是民主党派，参加社或离开社都没有什么手续，来去自由。所以1945年以后参加九三学社的社员，从1946年秋起，大部分是分散在北京总社、重庆分社、南京分社、上海分社等。但是有部分社员，包括九三学社中央及重庆分社理监事，自由离开社或参加了其他民主党派。

这时，在重庆的总社、分社理监事只剩了少数人，税西恒同志是社中央常务理事，我是重庆分社的实际负责人。后来，重庆分社社员只有我和税西恒、漆文定、王克诚、朱鸿贤5人。其他有些民主党派及人民团体亦有类似的情况。我们就联合民盟等其他党派采取行动，召开座谈会，对蒋政权的反动的、卖国的倒行逆施，发表联合宣言或联合声明。

由于中国共产党和民主党派的共同努力，政治协商会议（亦称旧政协）曾于1946年1月召开，承认联合政府。由于军事上，国民党蒋介石“战果辉煌”，就提

新華日報

星期日 第二版

渝市二十一人民團體 呼籲全民制止分裂的國大

並譴責國民黨當局八日聲明，既係片面行爲，復置政協決議及程序不顧，實屬欺蒙人民手段。

社論 反對賣國商約

1946年11月10日，九三学社重庆分社等在重庆的23个团体联合发表声明，呼吁全民制止分裂的“国大”，刊登在当日的《新华日报》上。

国民大会

出召开国民大会。按旧政协会议商定，国民大会应由各党派共同参加的民主联合政府负责召开。现在，由国民党一党包办国民大会，事实上就彻底撕毁了政协决议。

1946 年 11 月 4 日，谢立惠代表九三学社重庆分社，单独对《新华日报》记者发表谈话：

> 谈起国大来，十年前所选的代表，谁都知道是官定的，根本不合法。在开政协会议的时候，各党派让了步，但是现在连政协决议都不遵守了。如果要单独召开的话，即宣布更大的分裂。

谈话11月5日在《新华日报》刊出，引起各方面的注意。谢立惠的妻妹朱传秀回忆：在家里我看到他多次接受《新华日报》记者的采访，在一些重大事件上他都表明自己的态度。

谢立惠被国民党重庆当局列在黑名单上，言行受到特务的重点监视。

11月10日，九三学社重庆分社与重庆人民和平促进会、三民主义同志联合会重庆分会、中国民主建国会重庆分会、中国民主宪政促进会重庆分会、中国民主实践社重庆分社、中华全国文艺协会重庆分会、中国农村经济研究会四川分会、中国经济事业协进会重庆分会、华北政治经济建设协会重庆分会、重庆妇女联谊会、陪都青年联谊会、民主青年社、中国学术工作者协会、重庆杂志联谊会、中国民主文化教育事业协进会、中国职业青年社重庆分社、社大同学会、中国诗歌音乐工作者协会、现代戏剧学会等组织，在《新华日报》上联合发表声明，提出《我们对于召开国民大会的意见》，呼吁全民行动起来，制止伪国大的召开，制止国民党当局的分裂行为。

这一时期，国内形势进一步恶化。7月，国民党特务在昆明先后刺杀了民主人士李公朴、闻一多。国民党倚仗美国政府的支持，攻占共产党解放区多座城市。10

月 11 日，国民党军队开进晋察冀解放区首府张家口。蒋介石当日宣布，11 月 12 日召开国民大会。蒋介石的行为理所当然遭到共产党的坚决抵制。中共代表团愤然从南京撤回延安，国共和谈彻底破裂，第二次国共合作结束。

蒋政权还对民主党派采取了分化策略。在民主党派中，属于左派的中国民主同盟等民主党派和绝大多数进步民主人士经受住了严峻的政治考验，他们反对召开伪国大，并与共产党达成一致，抵制 11 月 15 日召开的国民大会。然而，受政治和经济上的利诱，青年党、民社党和少数无党派人士参加了国民大会，民主党派正式分化。

作为北京大学教授，许德珩也被选为“国大代表”，国民政府再三敦促他到南京参加国大。11 月 13 日，许德珩公开发表意见，拒绝大会的邀请，认为“此次国大断然召开，政治局势前途不堪设想”。就此，谢立惠与民盟的同志进行座谈，表示：坚决拥护许德珩等民主人士的声明，绝不屈服任何反人民、反历史的政治势力。

1946 年到 1947 年春（中共驻重庆代表团离开前），以民盟盟员为主的民主人士经常在重庆上清寺特园秘密聚会，研究与国民党当局的政治斗争策略。九三学社一直只有谢立惠一人参加，以至到会的重庆大学教授、民

新華日報

周炳琳許德珩二教授
發表當前時局觀感

許氏主各方此時應嚴正表示

社論
(一)
毀法與詭辯

國民黨機
昨日再擾延

華羅庚
數學著作在蘇出版

1946 年 11 月 14 日《新华日报》上刊登的许德珩讲话。

盟中央执行委员会委员潘大逵[1]等一些同志把他看成是民盟成员。

新中国成立初期，民盟恢复组织机构，潘大逵任民盟西南总支部筹备委员会主任委员，他邀请谢立惠一同参加筹备工作。谢立惠告诉潘，自己是九三学社社员，潘大逵这才大悟。因为有在黑暗统治下的斗争经历，20 世纪 50 年代中期又都从重庆调到四川成都，谢、潘结

① 潘大逵（1901—1991），四川开县人，著名爱国民主人士，中国民主同盟领导人。1924 年毕业于北京清华大学，1924 年留学美国。1930 年回国。先后在上海法学院、光华大学、重庆大学、暨南大学、朝阳大学、四川大学、光华大学任教。1943 年参加中国民主政团同盟。新中国成立后，历任西南军政委员会文教部副部长，西南总支副主委，民盟重庆市支部第三届主委，重庆市人民政府委员，四川省委主委、中央常委，中央参议委员会副主任，全国人大代表，四川省政协副主席。

下深厚的友谊。

第三节　抗议美军暴行

国民党政府在政治方面，需要美国政府道义上的支持，打击进步势力；在军事方面，希望借助美国人的枪炮，消灭共产党及其武装，因此，对驻华美军在各地横行霸道，肆意打人杀人、强奸妇女的行为一概视而不见，甚至包庇纵容。

据当时报刊资料的不完全统计，从1945年8月至1946年11月，仅上海、南京、北平、天津、青岛五市，

重庆反美抗暴的游行队伍

就发生美军暴行3800起，受害同胞死伤在3300人以上，受凌辱的妇女达300多人。

1946年12月24日，驻北平2名美军士兵强奸北大女学生沈崇，事件披露后，国民党政府装聋作哑。

美军暴行、政府态度激起全国人民的一致愤怒。重庆及北平、天津、上海、南京、开封、昆明、武汉、广州、杭州、苏州、台北等地55万学生相继举行抗议、罢课和示威游行活动。活动得到工人、教员和其他社会各界的大力支持。

1947年2月5日，重庆63所学校1.5余人举行了大规模的反美反蒋爱国示威游行。重庆反动当局出动了大量的军警宪特，用殴打、逮捕、屠杀等暴力手段，对付赤手空拳的学生、教师和市民，意图压制平息示威活动。

重庆学界还组织了抗议美军暴行联合会。联合会的学生出发到江北宣传，遭到国民党军警殴打，次日前往国民政府主席行辕及市政府请愿，在夫子祠遭到更为激烈的围殴，致使一些学生身受重伤，有的被捕失踪，引起具有正义感的各界人士和全市广大市民的愤怒。

谢立惠认为，“有必要把民主人士和社会贤达联合起来，达成统一的意见，形成支持学生一定的局面”。

2月6日、9日，他代表九三学社重庆分社，联合重庆陪都人民反对美军暴行委员会、中国民主同盟重庆支部、重庆妇女联谊会等16个党派、人民团体，发表联合宣言和通电，呼吁本市各界人民援助爱国学生，并吁请各界声援学生爱国运动。

宣言指出“美军暴行激起全国人民一致怒吼起来”，“而国民党当局对美军此种暴行毫无抗议”，此事件“我们认为绝不是单纯的法律问题，而是美帝国主义者的殖民政策对待我中华民族之表现”。

不止如此，“美帝国主义者军事上之派军驻华攫取海空基地，实已扰乱中国安宁，威胁世界和平，经济上中美商约与排山倒海之美货倾销，已使中国工商业濒于破产”。加以“国内之反动分子执行其‘宁赠友邦，不予家奴’之卖国政策”，“主权早已破坏无遗”，如此下去，“非亡国灭种不可”。

宣言强烈要求蒋政权立即采取积极措施：

①立即驱逐美军出境。②废除绞杀中国工商业的中美商约。③反对一切丧权辱国的政策。

2月9日的《新华日报》记述，在数万学生示威游行的队伍里，九三学社重庆分社常务理事税西恒、理事谢立惠走在最前列，和学生一起高呼反对美蒋反动派的口号。谢立惠回忆：

我作为九三学社的一员、民主人士，无论是为了维护正义，还是为保护学生，都有责任冲锋在前。所以，在学生队伍中，我是走在最前面的。宪兵的刺刀在阳光下闪着寒光，特务在捣乱，我们第一排的挺胸前进，迫使他们后退。

当时的进步记者，新中国成立后曾任《四川日报》文教科技总编辑的甘泉恰巧见到这一幕。多年后，他遇到谢立惠，谈到他当时外表弱不禁风，却大义凛然、不惧强暴地冲在最前面，表示非常钦佩。

第二次世界大战结束后，日本并没有彻底清除军国主义及其存在的基础。而美国根据其全球，特别是亚洲战略的需要，反而在经济、军事多方面对日本实行扶持政策。

1948 年 5 月，全国暴发了反对美国扶持日本侵略势力复活的爱国运动。谢立惠代表分社，在多种场合发表意见，抨击美国政府的政策，阐述日本侵略势力复活将给世界和平、亚洲和平和中国安全造成的影响。

第四节　支持学生运动

据 1984 年，由重庆大学编写的《重庆大学校史》记载：

1946年4月，国民党政府还都南京，重大等院校学生运动改由中共四川省委青年组领导，在教职工方面，通过从抗战初期就一直同党有联系的进步教授谢立惠同志和在商学院任教的甘祠森同志等，在重大教师中进行工作。

1947年初，随着国民党反动派发动的内战进一步扩大，国统区爆发了空前严重的经济危机，国民政府于2月发布《经济紧急措施方案》，激起国统区人民强烈不满。5月、6月，全国暴发了“反饥饿、反内战、反迫害”的学生罢课示威运动。

为了增强活动的隐秘性，谢立惠将自己的办公室和所管理的物理实验室让给学生做会议室和活动场所，适时向学生提出自己的建议。有时学生开会，谢立惠还替他们把风。因频繁参加运动、发表演说，他多次受到特务的威胁和校方警告。

因为闻一多、李公朴的被害，已引起一部分美国教授的抗议，让蒋介石反动政府有所忌惮。此时，他们不敢再公开杀害进步教授和知名人士，而是采取绑票、暗杀的手段。

2月前后，《新华日报》的领导同志告诫他，特务已很注意他的活动，以后晚间尽量少外出，不要走过于偏僻的路，尽量不要一个人走。

6 月 1 日，反动政府出动军警，大肆搜捕学生（后称“六一大逮捕”[①]）。谢立惠的堂弟谢立璟当时是重庆大学学生、学生运动的积极组织和参与者，也在被捕者之列。

《新华时报》（与《新华日报》在政治上相竞争的特务报纸）登载了重庆被捕人士名单，在谢立璟的名字下面专门标明“重庆大学教授谢立惠的弟弟”，对谢立惠进行警告。

由于谢立惠具有高校系主任身份，又没有发现明确的党派关系，尽管当局知道他行为“诡秘”，对他恨之入骨，特务们也把他作为盯梢重点，几次闯入谢家威胁恫吓，但忌惮于他的身份，不敢过于冒犯。国民党重庆党部几次派人，逼迫谢立惠到电台发表反共讲话，遭到严词拒绝。

特务还在重大校园的墙上贴出告示，明指谢立惠是共产党支使的、沙坪坝地区学生运动的幕后指挥人，让

① 六一大逮捕　1947 年蒋管区人民掀起声势浩大的“反内战，反饥饿，反迫害”爱国民主运动，由华北学生倡议，决定于 6 月 2 日举行全国“反内战日”总罢课游行。消息传出，国民党当局抢在 6 月 1 日深夜实行全国性大逮捕。重庆捕人最多，有各民主党派人士，各校进步师生，新闻、文化、工商界人士等 260 余人。经各方营救，被捕人员大部释放，易仲康、张现华、杨翱、陈诗伯、胡作霖等 20 余人被押往渣滓洞看守所，后于 1949 年 11 月 27 日牺牲。

其他人与他划清界限，否则后果自负。

中共重庆地下党并不知道谢立惠的身份，以为他仅仅是支持学生运动的民主人士、思想进步的教授，为此，时常暗中派人保护他的安全。

反动政府的暴行，不仅没有把学生运动镇压下去，反而使更多的人行动起来，部分工人罢工、教员罢课，要求释放被捕学生。重庆当局就采取威胁利诱手段，分化学生，并动员教师劝学生复课。

6月中旬，谢立惠的安徽同乡、重庆大学学生张元任找他和立瑶，告之其父张乙之（时任四川省威远县县长，国民党特务，新中国成立初期被人民政府处以死刑）找他们，想尽一下乡谊，商量营救立璟的事。张与立瑶、立璟原本认识。谢立惠没有见过张乙之，只知道他是反动县长。

见到立惠、立瑶，张乙之俨然以长辈自居：

“立璟被关起来，这么大的事，你们也不跟我说一说。好歹我们是同乡，安徽人不帮安徽人，说出去，让我们这些年长一点的人，脸往哪儿搁。得想想办法，把他救出来。”

谢立惠并不知道他的真实想法，试探着问：“你有什么办法？”

张乙之故作深沉地思考片刻，缓缓地说：“办法倒是有一个，立璟不是在监狱吗？你可以代他在中央日报登一个‘自首脱离共产党’的声明，这样他就可以立即被释放出来了。你是为他好，我们再向他做解释，我想，他应该明白我们的一片苦心，不会怪罪我们的。”

此言一出，谢立惠立即明白了他的居心。“我们不是一条道上的人，各人有各人的想法。让我代他发声明，于情于理都不合。谢谢你了。”谢立惠说的这个“我们”似是而非，好像说的是他与立璟，事实上是他和立璟与张，这样既给了张乙之面子，又与他划清了界限。

张乙之是久立官场之人，对话外之音岂有不知。在劝阻谢立惠这件事上，他肯定是受了差遣的，办不成事，上峰怪罪下来，会影响到他的前程。他马上拉下脸，阴沉地说：

“你说你与立璟不是一条道的人，哼，你以为能够瞒得了政府，沙坪坝学生闹学潮，有人说，你就是背后煽动者。这笔账，政府与你清算，恐怕你是承担不起的。你代立璟登这个声明，这是一个天大的好机会，对他、对你都是有好处的，我奉劝你，不要再执迷不悟，一错再错。”

这实际上是让谢立惠与立璟与中共撇清关系。谢立惠非常气愤：“不管你怎么说，第一，我肯定不会去发这个声明；其次，我能担保立璟不是共产党。至于他们放不放立璟，或者干脆把我也抓起来，请便，我无所谓。”事实上，他真的不清楚立璟的政治身份，但知道他倾向进步。

大家不欢而散。后来，张乙之又找过谢立惠谈过两次。谢立惠没有为威胁所屈服。

时任重庆警备司令的孙元良①与谢立惠是国立东南大学附属中学的同学。孙元良一直想利用这层关系，劝解谢立惠，让他为自己所用。

“六一大逮捕”后，孙元良亲自打电话给重庆大学校长张洪沅②，让他陪谢立惠到警备司令部说话。张洪沅当时也知道谢立惠是积极支持和参加学生运动的，但他只是教授、学者，不是“政客”，是精明人，从不屑做恶人。为避干系，张洪沅接到电话后，故意对周围的人说，警备司令部孙司令要请谢立惠，自己去陪一下，言明与己无关。

---

① 孙元良（1904—2007），四川成都人。1922年考入国立东南大学附属中学，1924年考入黄埔军校一期，曾任国民革命军88师师长、第22集团军司令官、国民军第5绥靖区司令官等职。1946年，先后任首都南京附近常镇地区警备司令、重庆警备司令、第十六兵团总司令。1949年，到台湾任瑞祥针织公司董事长。1956年，旅居日本；1975年，返回台湾。

② 张洪沅（1902—1992），四川华阳县人，化学工程学家，教育家。1916年，考取北京清华留美预备学校，1924年到美国留学，1931年张回国后应聘到南京中央大学化工系任教授。1942年，出任重庆大学校长。新中国成立后，任重庆大学校务委员、四川化学工业学院及成都工学院教授。对接触法制硫酸的反应速率进行了开拓性的研究，参与或主持创办了南开大学、四川大学和重庆大学的3个应用化学研究所。

谢立惠把自己的去向告诉了进步学生，并要求他们，不管能不能回来，都不能被死亡和困难吓倒，被反动派的嚣张所吓倒。放弃斗争，这正是反动派想达到的目的。

国民党军宪警特向来是翻脸不认人的，有几个朋友劝谢立惠最好躲一躲，不要自投罗网。谢立惠非常坦然，他想：自己这样做，完全是出于维系国家命运，是争取人民的利益，正大光明，没有必要躲，大不了被他们关进监狱，或者枪毙。

到了警备司令部，一个卫兵将谢立惠、张洪沅带进孙元良的办公室。办公室里非常气派、又充满杀气。门口站着两个木桩一样全副武装的尉官，办公室里铺陈蓝色豪华地毯、布置当时极为罕见的落地电扇。

见到谢立惠，头发梳得油光水滑、佩戴中将军衔的孙元良“热情”地伸出双手。谢立惠冷冷地，没有答理，孙元良非常尴尬地收回手。

他命令勤务兵摆椅沏茶，又故作镇静地回忆往日同学之情，劝说谢立惠：“咱们是老同学了，大的道理你比我还懂，就不讲了。听我一句忠言，你是老师，要多劝劝学生。在戡乱救国之际，学生的责任就是好好读书，老师就是好好教书育人，如果老是听一些别有用心的人的话，跟共匪跑，搅乱社会治安，政府严办下来，大家谁都跑不了。”

他还软硬兼施，“要不是同学，我才懒得劝呢。其他人？哼，一句话，抓了就是了。到时候，不死也要脱层皮。”

谢立惠还是不答理。见此，孙元良的本性马上就露出来。他厉声质问：“我知道现在你在老师和学生中有些威望，现在你的学生闹事，你不为党国考虑，好好劝阻他们，谁来劝阻？老同学，这可是你的失职失察。”语气变得又捧又打。

“孙司令，你这话就奇怪了。这个运动是群众自发的，不是少数人能搞起来的。大背景你比我还清楚，连你们都没有办法，我又能怎么样？”谢立惠感到孙元良的话非常可笑。

他轻蔑地回答：“我看你还是先把被捕的学生放了，看学潮能不能停下来。解铃还须系铃人，这道理大家都懂。张校长，你说呢？”

一直尴尬地坐在一边的张洪沅连连点头，“哦，是的，是的。”

孙元良非常恼怒，狠狠地瞪了张洪沅一眼，将一张《新华时报》扔到谢立惠面前：“你看看吧，报纸上白纸黑字，说得很清楚，这场学生运动是吴玉章（时任中共四川省委书记）出钱，通过你谢某人收买学生搞起来的。你就是危害党国、操纵学生运动的阴谋分子。对此，你作何解释？”

“蒋总统说全国人民都拥护他的政府，对此，你作何解释？既然全国人民拥护蒋介石，我又有什么能力操纵学生运动？”谢立惠不卑不亢，侧面回击孙元良。

张洪沅见话不投机，马上打圆场：“不要伤了和气，不要伤了和气嘛。”

孙元良悻悻无语，只得又摆出一副“老同学”的样子，装模作样地规劝：“没想到你这个老实巴交的书呆子居然学会诡辩了！老同学，你读中学时成绩就好，天生是搞学问的。你要多研究学问，在学术上多下些工夫！党国正是用人之际，只要你好好做学问，一有机会，我会保举你的。况且你的弟弟还在我们手里，希望你不要徒劳地做一些不该做的事，传播一些反领袖、反政府、反友邦的言论，望你好自为之。”

谢立惠正色道：“感谢孙司令的教诲，我也想做做学问，好养家糊口，民以食为天呐。但蒙你们所赐，我现在一家老小吃了上顿没有了下顿，肚子问题都解决不了，还有什么精力做学问？”

他还正告孙元良：“如果你还认我是老同学，我倒是劝劝你，与多数人作对，历朝历代有哪一个成功了？希望‘老同学’顺应历史潮流，多做善事，释放被捕学生。”

孙元良哑口无言，最后，很不情愿地挥挥手，让谢立惠和张洪沅走了。

谢立惠回到重庆大学，立即投入到新的政治斗争中。不久，迫于社会各界的压力，国民党重庆当局不得不把谢立璟等大部分被捕学生释放了。

1949 年 2 月，重庆各大中学师生迎来了新的学期。此时重庆的物价比 1948 年 8 月 19 日改法币为金圆券时，平均上涨了 1000 多倍，公教人员的生活大多陷入绝境。

2 月 22 日，重庆大学、中央工业专科学校等学校的教授召开联席会议，决定从 24 日起罢教三天，要求当局改善待遇。作为发起人，谢立惠在会上愤怒声讨当局不顾人民的死活，横征暴敛，不断扩大战争规模的行为。

此后，他组织学生进行罢课，走上街头开展义卖和募捐活动，声援教授罢教行动。17 日，全市 4000 多名学生举行了游行示威与请愿活动。27 日，近万名学生在重庆大学的操场举办了“活命晚会”。晚会主要是揭露国民党当局反动本质和表现向往光明，演出节目 60 多个，场面十分热烈。为保护学生，谢立惠一直坚持到晚会结束才离开操场。

1949 年 4 月 1 日下午，南京发生了军警镇压学生游行请愿活动，打死学生 2 人，打伤 100 多人的流血事件。这就是轰动全国的南京“四一血案”。4 月 5 日，重庆 30 多所公立、私立大学与中学代表在重庆大学召开会议，决定成立“重庆市学生‘四一血案’后援会”。

为此国民党重庆当局公然贴出告示：“于情况紧急无法请示时，得由当地负责指挥官酌情命令开枪防御。”一时间，重庆城风声鹤唳，空气为之凝固。由于重庆大学是学生运动的中心，当时由城里步行到沙磁区（现沙坪坝区）去采访的新闻记者们，沿途要经过 50 多条警戒线。

4 月 21 日上午，学生们在重庆大学团结广场进行集会，然后走上街头。在游行中，谢立惠一直站在队伍最前列，并一再告诫学生不要乱，以免特务捣乱。4 月 22 日，重庆大学又与部分高校举办“联合晚会”，再次表达对反动当局的蔑视。

1949 年 11 月，重庆临近解放。蒋介石反动政权准备抓捕一批进步人士。一天晚上，一个平时十分佩服谢立惠学识和人品、他过去的学生急匆匆到他家，告诉他：“国民党特务机关准备进行大逮捕、大屠杀，开列了一份黑名单，你列在前几名。你是有名望的人，特务不会白天抓人，可能是晚上，你要加倍小心。”说完匆匆离开。

后又有陌生人（谢立惠估计是地下党同志）告知

他，最好赶快离开沙坪坝，到乡下去，越快越好、越远越好。

谢立惠马上与立瑶、立璟等商量。他们在重庆乡下没有亲戚，也没有非常可靠的朋友，而且离开重庆到乡村，时间已迟，弄不好会半路上被捕失踪，遭暗害。于是决定白天照常上课，装作无所谓，让特务知道他还在学校，随时可以在晚上捕人。

晚上，他躲到理学院楼上（重大面对大运动场的一间工房）三楼一个角楼房间里。这里主要堆放一些废旧仪器和破烂东西，平时罕有人至。

其间，又有地下党同志通知他和立瑶、立璟，国民党特务可能在28日夜搞大逮捕，就地处置，让他们万分小心。当晚，他们早早地躲到三楼。

29日、30日，谢立惠又躲到重庆大学教务长郑衍芬家。郑衍芬刚从英国考察回来，谢立惠与他和他的夫人周绪芳是大学同学，又同为物理教授，私谊非常深厚，他们肯定不会出卖谢立惠。

据谢立惠的二女儿谢慧瑗回忆：

从这以后，我们家每天晚饭后，父亲与姑姑姨姨都出去散步，沿着江边路过理学院那一带走，把父亲送到物理系实验室，他晚上就睡在那里。坚持了几夜，直到11月30日重庆解放。

关于这一段历史，1944年在重庆开展党的地下工作的谢立惠妹夫吴化之[①]曾这样评价谢立惠：

他与吴玉老及潘梓年同志有联系，在自然科学界及大学教授中做团结进步分子的工作。

在旧政协前后，直到1947年我离开重庆时止，他以教授及科学工作者身份参加了当时的民主运动及统战工作。在争取民主和平、反对内战、反对伪国大、反美帝干涉中国内政，支持学生爱国运动中是积极分子，并在他的环境中起领导作用。

① 吴化之（1900—1990），湖北省汉川县人。1919年在武汉发起组织共同社、利群社等进步团体。1922年参加社会主义青年团。1923年加入中国共产党，1924年被派往苏联东方大学学习。1925年在陕西任共产主义青年团陕甘特派员、地委书记。1927年任中共武昌区委书记、武汉市委书记、共青团湖南省委书记、团中央委员，在长沙参与成立秋收起义行动委员会。1928年任济难会江苏省、浙江省党团书记。1929年底至1930年4月任中共北平市委书记，后任中共河北省委秘书长。1932年任中共张家口特委负责人。1933年在察哈尔民众抗日同盟军吉鸿昌部任政治处长。1937年后，曾任中共中央党校教员、中共中央社会部武汉区负责人等职。新中国成立后，曾任军委情报部、情报总署处长，对外文化联络局秘书长，对外文协、对外文委副秘书长，全国对外友协顾问，对外友协副会长等职。

第八章　沥血精魂

第一节　重建九三重庆分社

九三学社在建立之初，为避免国民党当局的迫害，团结更多的知识分子在党的周围，更大程度上定位于学术性的政治团体，而不是民主党派。

1949年9月，中国人民政治协商会议第一届全国委员会全体会议召开在即。周恩来同志向九三学社的同志传达了毛泽东主席的指示：“九三学社很适合作为代表科技界的民主党派。”不久，九三学社被列为民主党派之一，参加了全国政协第一届会议。

从1946年以后，九三学社社员数量增加，原理事、监事中，褚辅成、张西曼去世，有的工作变动较大。为适应形势需要，1949年下半年，中央理事会进行了协商调整，其中，主席：许德珩；副主席：梁希；常务理

摄于1950年

事：许德珩、梁希、黄国璋、薛愚、孟宪章，共5人；理事：许德珩、梁希、黄国璋、薛愚、孟宪章、孙承佩、黎锦熙、严济慈、孙荪荃、裴文中、潘菽、谢立惠、笪移今、吴藻溪、方亮，共15人。

在中国共产党的直接领导下，九三学社一些成员担任了国家政府机构的领导，参与了国家政权管理，广大社员都有了为新中国建设出力献计的机会。这时，不少社员认为九三学社已经完成它在民主革命中的历史使命，新中国在党的领导下，包括知识分子在内的人民都已经当家做主，组织可有可无了，主张解散组织。谢立惠当时也认为：

> 统一战线虽是“三大法宝”之一，但仅是民主革命时期为着对敌斗争的。新中国成立了，全国上下主要是在中共中央和毛主席的领导下，进行社会主义革命和建设，就不需要统一战线，民主党派亦无存在的必要了。

同时，他希望能在学术上多花一些时间和精力，为社会主义建设多做一些工作。所以，他也赞成九三学社解散，认为：

> 九三学社原是政治性学术团体、群众性团体，社员只有六七十人，不是政党，社员参加人民政协，应以别的身份参加。

1949年12月至1950年2月，毛泽东正在苏联访问。等他回国后，沈钧儒等领导的救国会已经宣布解散，毛泽东深表惋惜，当他听说九三学社有类似想法，立即派中共中央统战部部长李维汉①转达他的建议，不要解散。他认为民主党派要长期存在，不仅不能解散，而且还要发展，发挥更大的作用。

九三学社中央理事会经过认真研究，并广泛征求意见，最后决定九三学社继续存在下去。至此，我国各民主党派按照组织发展的协议，各自分工，发展和壮大社会主义时期的统一战线，在推进我国社会主义革命和社会主义建设，开创中国特色社会主义事业的伟大进程中，发挥了重要作用。

---

① 李维汉（1896—1984），湖南长沙县人，与毛泽东、蔡和森等同志是校友，是党杰出的无产阶级革命家。李维汉1919年赴法国留学，后参与中国共产党欧洲支部的筹建工作，成为中国共产党最早的党员之一。八七会议后，李维汉一度进入中共中央政治局常委，成为主要领导人之一。新中国成立后，任中共统战部部长。

1950年，全国成立分社、社组织还在发挥作用的只有上海，九三学社中央理事会希望潘菽、干铎等恢复南京分社，税西恒、谢立惠负责九三学社重庆分社的恢复重建。

谢立惠当时是社中央理事会在西南地区唯一的理事，又是原重庆分社的具体负责人。但由于认识上的差距，一段时间，虽经社中央和中共西南局统战部几次催促，但谢立惠不是太热心。

8月，他到北京开科协代表会议后到上海办事，而后乘船返回重庆。在经过南京时，他与潘菽、干铎等九三社员见面，探讨九三学社的发展方向，一致认为，“大家的工作已经很忙，九三学社已没有什么发展的前途，总社的存在已很少作用，分社的发展实在需要考虑”。

1950年秋，中共西南局统战部部长程子健①和党派

---

① 程子健（1902—1973），四川荥经县人。1920年赴法勤工俭学。1923年加入中国社会主义青年团。1925年转为中国共产党党员，先后任中共重庆地委职工运动委员会书记、地方执行委员会候补委员、总工会副委员长。后先后到中共川西特委、四川省委、川康特委工作。1941年调回延安，在中共中央党务研究室工作，出席中共七大。1949年随中国人民解放军第二野战军进军西南。新中国成立后，任中央西南局统战部副部长、中共四川省委统战部部长，四川省第一至三届政协副主席。是中共七大代表、第一至四届全国人大代表。

处处长彭友今[①]找到谢立惠，强调新中国成立后统一战线、民主党派的重要地位作用，提出整顿重建九三学社重庆分社，是党组织交给他的一项重要政治任务，是别人代替不了的。如果在党的领导下，以九三学社为基础，做好一大批科学工作者的工作，更好地发挥他们的积极性，你对革命所做的贡献更大一些。彭友今还专门准备了一套文件，让谢立惠学习。中共重庆市委统战部也提出，将大力支持谢立惠的工作。

通过西南局统战部的帮助，谢立惠的思想逐渐转变过来。他回忆道：

> 我充分认识到在新的历史时期统一战线作用，就是在党的领导下，团结一切可以团结的人，充分调动他们的积极性。所以统一战线不仅是我国民主革命时期的一大法宝，亦是我国社会主义革命和建设时期的一大法宝。统一战线的具体目的和任务是随着斗争形势的发展而变化。在新中国成立后，民主党派在我国社会主义建设中能发挥更有效的作用。

---

① 彭友今（1914—2005），四川大竹人。北平大学法商学院肄业，参加过“一·二九运动”。1935年加入中国共产主义青年团。次年转入中国共产党。曾任延安抗大教员，中共陕西省委宣传部负责人。新中国成立后，历任中共中央西南局统战处处长、西南军政委员会人民监察委员会委员、中共中央统战部秘书长、第五届全国政协副秘书长、第六届全国政协秘书长。是第五届全国政协委员，第六、七届全国政协常委。

在清除思想认识上的障碍后，谢立惠立即积极地投入到九三学社重庆分社重建工作中。

当时重庆九三社员只有税西恒、谢立惠、漆文定、王克诚、朱鸿贤五人。西南局统战部与税西恒、谢立惠研究后认为，重建重庆分社，首要任务是发展一批有学术威望、在群众中有一定影响力的高级知识分子为社员，使他们成为九三学社重庆分社的骨干。

按照这一要求，在重庆大学、西南师范学院等高校，谢立惠先后发展了柯召、王元吉、谢秉仁、王际强、乐怡然、李继华、徐僖、刘淳玉、郑衍芬、陈志潜、林卿、周兆丰、李承三、李长河、周雪鸥、李滨孙、江泽佳、胡坤升、席火召、朱传秀、何剑熏等在学术上、社会上都很有影响的教授。至1951年10月，重庆分社社员总数达到27名。以后，他们都成为各高校的骨干、学术带头人、九三学社领导、顾问。

1950年12月，九三学社召开第一次全国工作会议。谢立惠、税西恒、漆文定出席会议，乐怡然、柯召、王际强、刘淳玉、徐僖作为会议特邀代表参加会议。谢立惠是会议代表资格审查委员会副召集人，柯召是大会主席团成员、提案审查委员会副召集人，乐怡然是社务报告审查委员会委员，刘淳玉是提案审查委员会委员。在会上，税西恒当选为中央常委，谢立惠、王际强、乐怡然、柯召当选为中央委员，漆文定当选为候补中央委员。

在发展社员的过程中，谢立惠坚持找每一个人谈话，宣传党的统一战线政策，宣讲九三学社的历史传统，强调作为一名九三学社社员的社会作用和政治责任。

1951 年 9 月，重庆分社第一届分社委员会正式成立。主委：税西恒；副主委（兼组织处长）：谢立惠；委员：税西恒、谢立惠、乐怡然、柯召、刘淳玉、漆文定、王元吉，共 7 人。新成立的重庆分社在税西恒的领导下，由谢立惠负责分社具体工作。

1951 年 9 月 3 日，重庆分社恢复成立，总社严济慈、初大告、孙云铸等莅会指导。前排右一为严济慈，中排左三为谢立惠，左四为税西恒，后排左四为柯召。

第二节 全面推进重庆分社自身建设

20世纪50年代初期，在部分民主党派内部存在着各种思想斗争，少数人设想依照资本主义国家的政党制度，把民主党派搞成在野党。还有一种思想，认为自己是学者、是科技工作者，只要搞好自己的本职工作，没有必要参加政治活动，也就没有必要参加民主党派的活动。由于社员思想比较复杂，导致有时党派内部的思想斗争比较激烈。

针对这种情况，谢立惠将很多时间、精力放在抓好分社自身建设上，组织社员参加社会主义改造运动，学习马列主义、毛泽东思想，提高接受中国共产党领导的自觉性，增强对社会主义制度优越性的认识，对社会主义的认同感。

在很多会议上，谢立惠反复强调，广大社员要认真学习和执行党的政策，密切联系群众、关心群众，要认清形势，结合本职工作进行思想改造，充分发挥自身在社会主义革命和建设中的作用。

1953年，社中央号召在全社范围内开展社章及社的性质、方针、任务学习。按照社中央的要求，谢立惠督促各分社基层组织和小组，联系本级组织工作实际和社员思想实际，制订学习计划，将机关的同志分片安排下去，组织进行检查和调研。只要是有时间，他都会参加社组织各层次的会议，与社员交流学习心得。

通过学习，社员的思想认识有了极大的提高。对此，《九三学社重庆分社社讯》曾做出综述，社员普遍认为：

> 统一战线是民主革命时期的法宝，到了社会主义革命时期，依然是团结群众、夺取胜利的重要法宝。民主党派是统一战线的重要组成部分，大有可为。九三学社具有学术传统，但不是学术团体，而是一个新民主主义政党。我社同志虽多在学术界工作，但我社并不是单纯做学术工作，而是做政治工作、思想工作，使学术服务于政治。

分社还先后组织社员参加支持抗美援朝，参与“三反”、“五反”运动、社会主义思想改造、人民代表普选、党的总路线学习等政治和社会活动。在这些活动中，社员都表现出高度的政治觉悟。中共西南局统战部秘书长林蒙[①]几次参加九三分社的会议，对分社建设、

---

① 林蒙（1911—1993），四川邻水人。北京辅仁大学毕业。1936 年加入中国共产党。以后在中共宜宾中心县委、川东特委、中共重庆市委、中共南方局机关工作。1943 年去延安参加整风和大生产运动，后在西北公学、解放日报社、中央党校二部、中央政治研究室等机关工作。1949 年12 月初进入重庆，任中共西南局统战部副秘书长、秘书长。1952 年调西南军政委员会任副秘书长。其后任重庆市人委秘书长、重庆市委副秘书长、重庆市政协副主席。

对谢立惠的工作给予了高度评价。

谢立惠重视组织工作，认为九三学社在新时期要很好地履行职能、发挥作用，为社会主义建设做出贡献，就必须积聚一大批代表性人士。为保证社员的质量，1952 年 5 月，谢立惠亲自主持拟订了《九三学社重庆分社发展组织程序》，并经第十四次理事会通过，从提名、组织处收集整理资料、理事会审查、填写申请书、理事会通过、报总社最后审核六个方面，对组织发展工作程序做出了严格规范。

1952 年 11 月，分社贯彻社中央在“三反”后提出的大力发展组织的指示，明确提出，在高等学校，以讲师以上的教育工作者为重点，在西南一级事业机关，以科级以上及相当于科级以上的专家、工程师、医生为重点，积极发展社员。

11 月上旬，谢立惠亲自与中共西南局统战部、西南中华自然科学专门学会联合会及西南工业部、卫生部、农林部等单位党的基层组织与人事部门进行协商，提出了拟发展的 50 名对象名单，并与其中大多数同志见面交谈，交换意见，帮助他们加深对九三学社的认识。

中旬，分社召开了组织工作座谈会，邀请了其中大多数同志参加。座谈会的主题是畅谈民主党派性质、任务以及即将到来的国家大规模经济建设等问题。林蒙、彭友今、重庆市委统战部副部长杨松青等到会讲话。谢立惠在会上介绍了九三学社的性质、历史及其在统一战线中的地位和作用，提出组织发展的总体目标，强调“注重质量”。

会前，按照谢立惠的要求，分社还赶印了新的社章和关于经济建设的有关文件，作为学习之用。座谈会以后，有近30名代表性人士非常踊跃地加入了九三学社。

谢立惠重视改进和开展好基层组织生活。在西南师范学院，由于西师小组社员工作较忙，且组织生活枯燥无味，出现放任自流、无目的漫谈的现象，有些社员把参加九三学社的活动看成是“包袱”。

作为西师院长的谢立惠发现问题后，与小组负责人商议，制订了组织生活计划，规定每周组织生活时间为3小时。组织生活内容也做了明确规定，即：根据分社的有关要求，讨论完成分社所交予的一切任务；对上级布置的学习预先进行准备，研究关键性的问题，以便互相帮助，并帮助所联系的群众；在发展组织阶段，经常讨论发展组织工作；解决同志们在思想上和工作上的重要问题。

按照这一规定，小组组织生活既有计划、有主题，又有检查，同志之间还要开展批评与自我批评，丰富了内容，密切了个人与组织的关系。虽然是校领导，事务性工作很重，但谢立惠始终坚持以一名普通社员的身份参加小组活动，起到了非常好的示范作用。

为了扩大重庆分社的影响，谢立惠发挥自己联系广泛的优势，协调分社各级组织参加各种社会实践活动，有时单独或与民盟基层组织、卫生联合会、中华自然科学专门学会联合会、中华全国科学技术普及协会等联合召开形势报告会、学习会、座谈会，邀请中共地方党组织领导、优秀科学工作者参加，共同探讨问题，在学习与座谈中增进相互了解。

谢立惠历来强调社员要做好岗位工作。他指出，所谓搞好岗位工作，并不只是把个人的工作搞好就行了，而是要以民主党派成员的身份，发挥组织作用，在中共党组织的领导下，与其他民主党派、团体配合，和所联系的群众一道，共同把工作做好。

1953年4月，在西南师范学院支社成立大会上，他结合自己的体会强调，作为九三学社社员，一是要保证贯彻执行党的政策，响应党的号召，用实际行动来接受党的领导；二是关心群众，联系群众，搞好岗位工作；三是要从各方面提高思想觉悟。

几年后，重庆分社已经发展成为强有力的民主党派地方组织。分社于1953年4月、5月，先后成立了九三学社西南师范学院、重庆大学、重庆建筑工程学院支社，壮大了基层组织。广大社员维护党的领导和党的统战政策，立足本职，面向社会，为社会主义革命和建设积极奉献。

1953年，高等学校院系调整后，重庆分社许多社员调到成都，在重庆分社的支持下，社中央成立了成都分社。1958年，谢立惠调到成都电讯工程学院（现电子科技大学），改任成都分社副主委，并长期担任社中央常委。

“文革”期间，九三学社各级组织停止活动。谢立惠深切地感受到，统一战线的命运，是与九三学社、与国家和民族的命运紧密联系在一起的。当统一战线不复存在、九三学社陷入劫难，党的事业、社会主义建设事业都会受到损害、出现波折。为此，他忧心如焚。

中国共产党十一届三中全会以后，党逐步清除极“左”路线，摒弃了“以阶级斗争为纲”的指导思想，支持和帮助民主党派，把工作重点转移到为社会主义现代化建设服务的轨道上来。统一战线、多党合作事业进入新的历史阶段。

1984年，为适应多党合作事业发展的需要，经中央统战部和九三学社中央批准，九三学社四川省委正式成立。谢立惠当选为第一副主委。随后，成立九三学社成都市委员会，谢立惠当选为主委。

谢立惠回忆这段经历，深有感触地说：

回顾九三学社的成长和战斗历程，都离不开中国共产党的培育和领导，是党指引我们前进的方向，是党指导我们掌握战斗的策略，使九三学社在民主革命中胜利地完成了历史使命。

建设高度的物质文明和精神文明，这是我们党发出的战斗号召，是我们全国人民的任务，也是我们各民主党派的任务。我们民主党派，要认真总结过去的历史经验，在党的统一领导下，齐心协力，相互配合，发挥各自的优势，为繁荣经济，振兴中华，充分贡献我们的力量和智慧。

第三节　积极倡导开展科技普及工作

作为中华自然科学社的重要领导者之一、中国科学工作者协会的重要发起人之一，谢立惠非常关注科技事业的发展。

新中国成立初期，国内科学技术专家不多，不能适应国家建设的需要，因此，搞好科学技术界的团结合作，显得非常重要。为解决这个问题，1950 年 8 月，由吴玉章负责筹备，中国科协、中国科学社、中华自然科学社、东北自然科学研究会联合筹备召开了中华全国科学工作者第一次代表会议。周恩来在会上做报告，号召

“科学工作者要团结起来，反对宗派主义，为建设新中国而努力奋斗”。

作为出席会议的西南代表团负责人，谢立惠坚决拥护中央的决定，带头加入了新成立的中华自然科学专门学会联合会（简称“科联”）和中华全国科学技术普及协会（简称“科普”），并当选为科联全国委员会委员。

会上，中国科协和东北自然科学研究会认为，作为科技组织，已完成了自己的历史使命，马上宣布解散了。但中国科学社、中华自然科学社有些同志思想一时转不过弯来，认为搞了这么长的时间，在国内国际上都有了很大的影响，解散可惜。

谢立惠在座谈讨论时提出，“科联”与“科普”作为学术团体，综合性比较大，一个推进学术水平的提高，一个开展科学技术普及，完全可以涵盖过去所做的工作。而且组织大了，只要联系群众、服务群众，经常活动，社会影响一样可以扩大。按吴玉章同志的要求，他还以自身影响，做中华自然科学社部分重点人物的工作。以后，大家逐步统一了认识。1951 年 4 月，中华自然科学社宣告解散。1960 年 5 月 4 日，中国科学社在上海宣告解散。

谢立惠回到重庆后，按照中共西南局的指示和中华全国科学工作者第一次代表会议精神，立即着手开展西南科联、西南科普和重庆科联、重庆科普的筹备工作。

1950年底，各组织相继成立，谢立惠当选为西南科联常委、西南科普副主席、重庆科联副主席、重庆科普主席。

科联与科普成立，面临许多问题。

在科联方面，各级组织领导并助建立各级自然科学专门学会，推动开展活动。在20世纪50年代前期，我国科学技术学科分工不细，科学工作者不多，所以学会建立不多，主要是一级学科的学会，如理科类学会只有数学、物理、化学、生物、气象、天文等学会，总部大多设在北京，省、市一级还没有建立分支机构。工科类学会也建立不多，电子技术是工业化的重要标志和推进力，50年代电子学会却迟迟没有成立。同时，科学研究还没有很好地开展，学会的活动也不多。

在科普方面，新中国成立初期，我国文盲多，缺乏科学技术普通知识的人更多，普及科学知识非常必要。所以“科普”在大城市相当活跃，一些组织进行了大范围的科学普及讲演，编辑出版了大量科学普及小册子。但科学普及没有深入到农村，因为大家有一种错误想法，认为农村落后，对科学技术的需要还不迫切。

在50年代，专门学会主要是搞科学技术的提高工作，科普是搞科学普及工作，把科技水平提高与科学普及分开了。谢立惠强调：

> 毛泽东同志说过："在普及的基础上提高，在提高的指导下普及。"普及与提高是辩证的、发展的，不能截然分开。科学普及工作也不能像扫文盲一样，老是讲科学启蒙知识，而要逐步提高。

基于这一认识，他在推动科联、科普工作贴近工作、贴近基层、贴近群众、贴近社会方面做了大量的工作。

他指出，科联的主要任务是把各专门学会建立起来，把科学工作者组织起来，开展学术活动。在他的主导下，西南科联和重庆科联组织重庆部分高校和科研院所相关学科骨干进行座谈。座谈以两种方式进行：一是专门学科教师、专家学者座谈。座谈的主要内容是探讨学科发展方向，就某一方面的研究成果进行交流，学习最前沿的技术；二是各专门学科代表人士座谈。主要是交流科研的方法，介绍本学科一些重大的科研成果等。通过座谈，教师们开阔了眼界，通过学习借鉴其他人的经验，提高了自身的科研能力和水平。

在推动科学普及方面，他提出：

> 广大的工人、农民迫切地需要科学、用科学。我们科学技术工作者要正确处理提高与普及的关

系，不能轻视普及。除农业科技人员以外，科学技术工作者一般不直接参加生产劳动，必须把新的科学技术向工人、农民普及推广，让他们掌握使用新技术、新创造，才能将我们的技术转化为生产力，提高工农业生产水平。

谢立惠回忆：

那时“科普”组织的活动特别多。因为新中国成立前“科盲”非常普遍，迷信毒害很广泛，工人中亦有许多“科盲”，干部中亦有不少科技知识贫乏，所以做科普宣传非常重要。

为此，他积极组织一批高水平的专业人员开展科学普及教育。他自己则以身示范，亲自讲演10多次，讲的内容有关于原子弹、氢弹、人造地球卫星、原子核、光的微粒性与波动性、空间的无限性、狭义相对论、无线电技术的发展，等等，涉及多个方面。

当时，一些高水平的科技专业人员投身于社会主义革命和建设，在推进科学普及方面积极性非常高，开展科普演讲、撰写科普读物，站得高，看得远。特别是他们能把一些深奥的理论通俗化、变得更加直观，为普通群众所接受，科普工作成效自然非常显著。在那一个阶段，谢立惠就撰写了大约二三十万字的科普演讲稿。

由于谢立惠在科普工作方面的突出表现，1956年，他先后出席重庆市、四川省及全国的科普工作积极分子大会。1958年3月，全国科学大会召开，谢立惠作为四川省代表团成员出席了会议。

1958年9月，全国科联、全国科普在北京联合召开会议，决定将科联、科普合并，成立中华人民共和国科学技术协会。会议明确各级科协领导各级学会，各学科学会的任务，既要搞提高，也要搞普及。谢立惠当选为第一届全国委员会委员。他回忆：

> 中国科协与世界科协关系一直很紧密。50年代，法国人约里奥·居里教授（共产党员）和英国鲍威尔教授分别担任世界科协主席，他们都是诺贝尔奖金获得者。世界科协设副主席5人，我国李四光一直是副主席之一。我国还从全国“科联”组织中选派代表参加世界科协活动，世界科协也经常寄刊物给我国的世界科协会员。到60年代初期，世界科协为苏联所控制，中国科协就同世界科协中断了联系，独立自主地开展工作。

1958年11月，四川省科普与省科联合并，成立四川省科学技术协会。在省科协成立大会上，谢立惠当选为副主席。

此后，省科协积极发挥谢立惠等一班人的社会影响力，充分调动全省科技工作者的积极性，建立了32个学会，组织了一系列学术交流、科技考察和直接为生产服务的技术上门、技术会诊、技术攻关等活动，促进了生产、科研、教学的发展；在120多个县和一批厂矿、人民公社建立了科协组织，群众性科学实验小组发展到5000多个，在普及宣传科学技术知识、推广先进生产技术方面做了大量的工作。

“文革”期间，科协遭受重创，机构全部撤销，人员遣散，活动被迫中断。

1978年8月，省科协及其所属自然科学专门学会恢复活动。11月，已是71岁高龄的谢立惠被中共四川省委任命为省科协代理主席。

当时，谢立惠常挂在嘴边的话是：“现在没有时间去考虑年龄问题，而是怎么把耽误的10年时间抢回来。”

作为主要负责人，他把省级学会的组织建设作为重点，多次下基层调研，与广大科技工作者进行座谈。在不到两年的时间里，省级学会由“文革”前的32个，恢复发展到66个，新建立协会、研究会11个，登记和发展会员3.5万余人，会员数增加了3倍。

为了恢复和成立基层科协及其所属学会、协会、研究会和科普团体，他有时轻车简从，有时搭乘长途汽车，与几个年轻人一起到部分市、地（州）、县，与当地党政领导沟通，到厂矿企业、农村实地考察，与基层科研人员交换意见。在他的带领下，省科协工作卓有成效，到1980年8月底，全省18个市、地、州和172个县（市）恢复和成立科协；建立学会673个，发展会员12934人；有38个县试建了区、社科普组织237个，发展会员10549人。

他重视学会作用的发挥，强调：

> 省级科协学会的作用，就是要围绕四川四化建设这个中心，抓住生产、科研、教学中的科技关键问题，以中、小型活动为主，积极主动地开展专业学术活动。

从1978年8月到1980年10月，这些学会共召开专业学术会议427次，征集论文、资料4196篇，为推动地方经济社会的发展做出了贡献。

为推动科学普及工作，谢立惠身体力行，先后开办唯物辩证法、物理基本原理与工农业生产等专题讲座10多次，听众达4000余人次。

据与他接触的同志讲，谢老的每次讲座，准备都非常充分，有他自己亲自草拟的讲演稿。讲座也不管人多人少，上千人，他侃侃道来，几十个人，他也字斟句酌，一丝不苟。当时的听众都是聚精会神，讲完后，交流互动也非常热烈。在很多人的眼里，他只有50多岁，而根本不知道他是年过古稀的老人。

在谢立惠的带动下，省科协共举办科普讲座和报告会1000多次，编印科普资料700多种，在报纸、杂志、电台上发表了大量科普文章，极大地推动了科学普及工作，受到广大人民群众的欢迎。

1980年3月，中国科协召开第二次全国代表大会。谢立惠作为四川代表团团长出席会议，并当选为全国科协常委。

1980年11月，在四川省科学技术协会第二次代表大会上，谢立惠当选为第二届委员会主席。随后，省科协进行了机构改革，制定工作目标，开创了科协工作新局面，在发挥科技群众团体作用，推进经济、社会发展、两个文明建设方面发挥了积极作用。

由于长期从事科学研究和普及工作，谢立惠积累了丰富的工作经验。1981年9月26日，在中南、西南九省区学会研究会成立大会和学术探讨会上，他强调：

> 科协和学会的政治任务就是动员组织广大科技工作者，从当前的“四化”建设需要出发，为当前的“四化”建设服务，协助和支持他们发挥更好的

更大的作用。

在科学研究方面，要正确处理基础理论研究和应用研究的关系，应该把主要力量用在应用研究上。基础理论研究很重要，基础理论的重大发展，可促进产业革命，大大提高生产力。例如量子力学的建立，大大地促进了原子物理、核物理、固体物理等学科的发展。

现在广大农村经济发展快，对科技要求更高更广，科技人员要主动到农村搞咨询，办培训班，送“鸡蛋”下乡。科协和各学会要重视协助工厂进行各种形式的继续教育，以解决有些科技人员知识老化的问题。

青少年是祖国的未来，要学校、社会、家庭教育并举，加强对青少年的思想政治教育，这亦是我们科协的重要任务。

1987年4月，在谢立惠从教56周年暨80寿辰时，四川科协送给他的对联题词：

科坛兴协会寰宇率先飞贤士
学者控雷达神州电子立新篇

中国物理学会、中国自然辩证法研究会、中国电子学会等，也是谢立惠发挥作用的重要阵地。

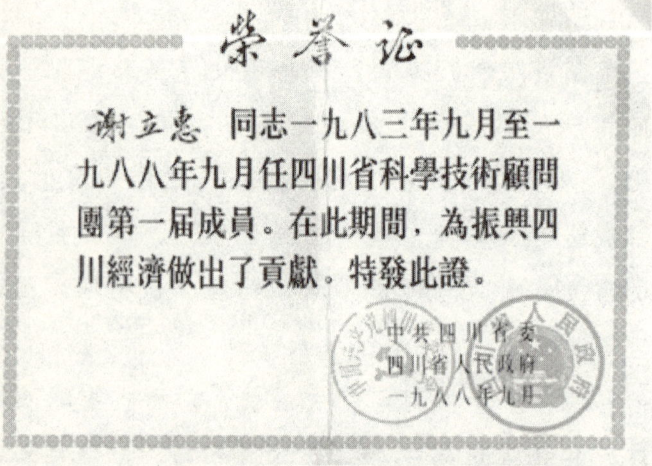

榮譽証

谢立惠 同志一九八三年九月至一九八八年九月任四川省科學技術顧問團第一屆成員。在此期間，為振興四川經濟做出了貢獻。特發此證。

中共四川省委
四川省人民政府
一九八八年九月

1983 ～ 1988 年谢立惠任四川省科技顾问团顾问

中国物理学会在抗战时期分别在重庆及昆明建立组织，重庆物理学会由重庆大学教务长、物理教授郑衍芬负责，谢立惠协助工作。20 世纪 40 年代后期，由于国民党发动内战，学会停止工作。

1951 年，重庆物理学会恢复成立时，谢立惠当选为学会理事长。为加强科技工作者之间的学术交流，提高物理教学与研究水平，谢立惠做了很多工作。1958 年，他调到成都，任四川省物理学会副理事长，郑衍芬教授任理事长。“文革”期间，学会停止活动。1979 年，学会恢复，并召开省代表大会，谢立惠当选为理事长。1983 年后，他被推举为荣誉理事长。1982 年 12 月，为表彰他从事物理学工作 50 余年，中国物理学会专门给他颁发了奖状和奖章。

中国自然辩证法研究会发起成立时，在成立大会召开前，要选举理事120名左右，其中50名是在全国选举，各省区市共推荐70名。全国选举的理事50人，基本条件是中央领导同志或全国有较高威望的科学家，在1949年前研究过自然辩证法，并发表过文章的。

在会前半年，会议筹备组工作人员清理了在新中国成立前进步刊物、书籍上发表的与自然辩证法相关的文章，其中包括谢立惠在《群众周刊》和《新华日报》上发表的文章。解放前在国统区发表这类文章，一般都不用真实姓名，这给筹备组同志带来不小的麻烦。他们请谢立惠推荐他所知道的同志，并印证其他人推荐的和图书馆能够找到的资料作者。

1981年11月28日至12月4日，中国自然辩证法研究会召开成立大会暨首届年会。在会上，谢立惠当选为理事会理事。1981年11月，他当选为四川省自然辩证法研究会理事会理事长。

此外，谢立惠还先后于20世纪60年代在北京当选为中国电子学会首届理事会理事。1979年7月，当选为学会第二届理事会理事，学会教育学会副主任，教育工作委员会筹委会副主任委员。1983年，当选为学会高级会员。1983年，四川省成立省科学技术顾问团，谢立惠担任顾问团副主任。

1986年，四川省科协召开第三次代表大会。在会上，年届79岁的谢立惠主动辞去主席职务。为了表彰他的贡献，与会代表一致推举他为荣誉主席。

第四节 积极参政议政

谢立惠长期担任九三学社中央委员、九三学社地方组织负责人。作为民主党派人士代表，1950年6月28日，谢立惠被任命为重庆市人民政府委员，任命书由中央人民政府主席毛泽东签署。1950年6月27日，谢立惠被任命为重庆市人民政府人民监察委员会副主任，任命书由中央人民政府政务院总理周恩来签署。他还当选为重庆市第一届人民代表大会代表。1979年任成都市人民代表大会常务委员会副主任，1982年改任成都市政协副主席。

1954年，他当选为第一届全国人民代表大会代表，以后继任第二、三届全国人民代表大会代表。1978年任第五届全国政协委员。1983年、1988年分别任第六、第七届全国政协常务委员会委员。

谢立惠非常珍惜党给予自己的荣誉，始终坚持中国共产党领导的多党合作和政治协商制度，坚持认真履行

中華人民共和國第一屆全國人民代表大會第一次會議
出席證
姓名 謝立惠
選舉單位 四川省
編號 一一三四
一九五四年九月 六日填發

1954年谢立惠出席全国人大第一届第一次会议代表证

民主党派参政议政、民主监督的职能。他认为：

> 作为民主党派成员，就要履行自己的职责，发现问题，就要讲，而不是处处小心，只唱赞歌。那是要误党误国、贻害民族的，是要害死人的，对九三学社组织的发展也是不利的。

作为一名教育工作者，谢立惠非常关注教育事业的发展，曾先后撰写《打好基础，培养高水平的电子科技人才》（《电子科学技术》1976-6）、《高等科技院校设置重点专业问题》（《人民教育》1981-4），就教育体制改革提出建议。

谢立惠重视年轻人的培养教育。

新中国成立前，他担任教师，对年轻学生进行思想引导，引导他们热爱祖国，追求和平民主，追求正义。新中国成立以后，作为高校负责人，他经常启发引导青年人要树雄心，立壮志，有坚强的、不屈不挠的革命意

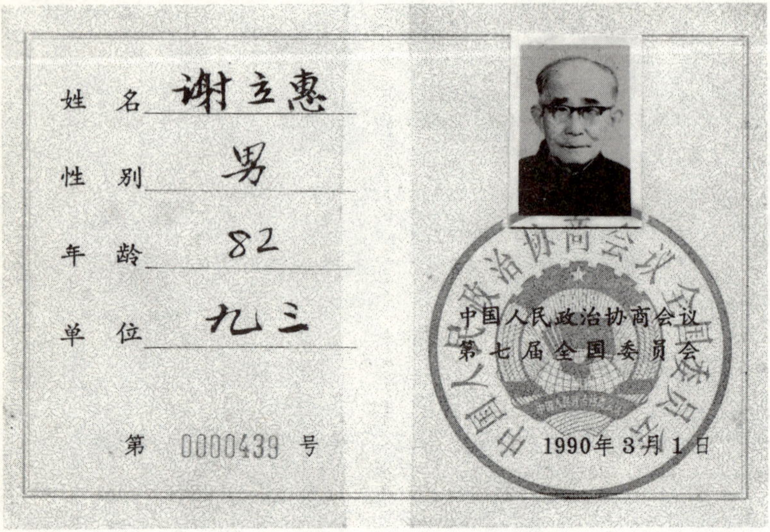

1990 年谢立惠的七届政协委员证

志，认真学习科学理论，提高明辨是非的能力。

1987 年 1 月，成都一些青年学生上街游行。谢立惠在接受记者专采时强调：

> 1978 年以来，我一直呼吁三个重视："重视基础，重视实践，重视精神文明教育。"1978 年，我发表了这方面的文章，编辑把第三点砍得只剩下一句了。我很不高兴，心想，这样早晚会坏事的。现在看来，我当时的担心不是没有必要的。

他还与学生代表进行座谈，认为大多数学生的愿望是好的，希望国家的改革和社会主义民主进程更快些，希望消除腐败，这是可以理解的。但上街游行，搞“四大”（即大鸣、大放、大辩论、大字报），搞大民主，扰乱社会秩序，这种行动和想法都是非常错误的。

他列举了“文革”时期大民主产生的严重后果，希望同学们倍加珍惜来之不易的安定团结政治局面，正确认识西方的“金钱”民主，以实际行动完善和维护社会主义民主政治。他的讲话得到许多学生的响应。

1988年3月，在全国政协七届一次会议分组讨论会上，他坐在轮椅上发表自己的见解，呼吁：

> 我们现在的教育体制改革，要主动适应国家经济建设对培养人才的要求，特别是高等教育要很好研究，走出一条自己的路。要加强对青年人的教育，防止和平演变。

他语气平缓、发言时间不长，但字字掷地有声。

谢立惠强调要重视职业教育。20世纪80年代初，他极富远见地提出：

> 中等专科学校或中等职业技术教育，是根据企业发展的需要，培养大量的中级专门技术人才。根据国外资料分析，企业所需要的中级专门人才要比高级专门人才大5倍至10倍。大力发展中等职业技术教育，不仅能够解决升大学难，以及中小学学生

学习负担过重的问题，而且能够培养大量中级技术人才。但从新中国成立以来，我国培养的工科高等学校毕业生有100多万人，而工科中专毕业生只有200多万人，这种教育体制结构最不合理，

必须改革。

以后，他又在多种场合不断呼吁。1987年，国务院办公厅转发了国家教育委员会、国家计划委员会、国家经济委员会、劳动人事部《关于全国职业技术工作会议情况的报告》，提出重视职业技术教育。

关于人才培养的金字塔形梯队建设，1985年4月6日，谢立惠在全国政协八届三次会议上提出：

教育结构的改革也是体制改革的一部分。以培养工科专门技术人才为例，应该是多种层次的金字塔形梯队。从高等工科学校讲，有三个层次：研究生、本科生、专科生。这三个层次都应该是独立的教育阶段，独立培养有不同要求的专门人才。

大量本科生的培养，必须重视这是个独立的教育阶段，要培养他们在毕业后经过短期实践锻炼后，就成为具有一定独立工作能力的、高级专门技术人才。而硕士、博士研究生的教育，是寄希望于培养学术带头人。

这一建议被国家教育部采纳。

在素质教育方面，他认为：

教学改革，要把侧重传授知识转变为侧重培养能力。培养能力包括学生有独立自学、独立钻研、独立思考的能力，有独立设计实验的技能，有敢于冲破旧框的创新精神等，而不仅是为了片面强调考入大学。

1985年5月11日，在四川省政协五届三次会议上，他强调：

教育改革的根本目的，在于多出人才，出好人才。小学和初级中学是属于基础教育，基础教育就是为着出好人才打下基础。现在中小学教育问题还不少。毛泽东同志过去就指出“要各校注意健康第一，学习第二”，这是非常正确的。但是现在中小学教育，学生负担重，缺乏体育锻炼，睡眠根本得不到保证，这是对青少年的摧残。这是我国过去教育结构不合理造成的恶果。单一的教育结构，小学升中学，中学升大学，大学毕业就有了职业，只有走这一条独路。只有百分之几能升大学，其余的就只能成为“待业”青年，这是极其激烈的竞争。我感到这是中小学教育中目前最严重的问题。

谢立惠还就倡导学术民主提出意见和建议。他指出：

回顾历史，总结经验，我们深深地体会到要使党的“百花齐放，百家争鸣”方针真正得到贯彻落实，必须坚决肃清“左”倾思想和封建思想的影响，端正政治路线和思想路线，充分发扬学术民主，为科技者广开言路，创造自由争鸣的气氛和条件。在学术活动中，一定不要扣帽子、抓辫子、打棍子。要把学术观点与政治立场问题严格区别开来，不能把学术观点上的争论，扣上种种政治帽子进行压制和打击。坚持在学术问题上不以多数少数来判断它的正确与错误，不随便褒贬某一学派的观点，更不能利用行政手段干预科学上不同学派、观点的争鸣。不能把某一学派、某一学术观点抬到“官方科学”的地位，而对另一学派、学术观点不予支持甚至压制。对于科学上的一些萌芽状态的思想和有创见性的见解，不能采取压制和扼杀的态度。要保护个别人的学术观点，大胆支持“潜科学”。

谢立惠坚决反对科技界的“门户之见”。1982 年，他向四川省委书记杨超反映四川科技界存在的“文人相轻”的问题。杨超非常重视，并召集部分知名专家学者，专门召开了科学道德问题座谈会。谢立惠在会上呼吁：

我国的科技发展，很大程度上是集中力量办大事。作为科技工作者，对某些重要科研项目，应该组织起来，加强协作，进行科技攻关。要彻底清除“文人相轻”的思想，而转变为“文人相助”，互相尊重，取长补短，并且要清除“门户之见”、本位主义思想，这样就能使我们协作的力量更强，能够攻克科学技术上更多的难关。

作为会议成果，中共四川省委下发文件，要求“在四川科技界倡导建立‘文人相助，相见有益，业精于勤，共同提高’的新思想和‘相交、相知、相携、相续’的新风尚，推动四川科技界的社会主义精神文明建设”。

谢立惠长期担任领导职务，对“官僚主义”的弊端有着深刻认识。1980年9月22日，谢立惠在成都电讯工程学院教职工大会上，在传达全国人大、政协会议精神时谈到官僚主义，他心情非常沉重：

从党和国家的领导制度方面来说，主要的弊端就是官僚主义，权力过分集中、家长制、领导干部职务终身制以及其他形形色色的特权现象。官僚主义是我们党和国家政治生活中广泛存在的一个大问题，它的主要表现和危害是：高高在上，滥用权力；官气十足，动辄训人；打击报复，压制民主；

脱离实际，脱离群众；好摆门面，好说空话；思想僵化，墨守成规；机构臃肿，人浮于事；办事拖拉，不讲效率；不负责任，不守信用；公文旅行，互相推诿；欺上瞒下，专横跋扈；徇私行贿，贪赃枉法；等等。对这些现象，我们必须坚决予以克服、揭露和批判。

谢立惠敢说真话，直陈现实，以自己的勇气展示了一名九三学社社员、有强烈社会责任感和正义感的高级知识分子的社会良知。

第九章　播撒桃李

第一节　探索推行新的教育制度

1950年初，各大行政区、省市政府在开展巩固政权、恢复经济和整顿社会秩序的同时，根据中央指示，对旧有学校教育事业和旧文化事业，有步骤地、谨慎地进行改革。

1950年上半年，时年43岁的谢立惠被西南局文教部任命为重庆大学校务委员会委员、副教务长，重庆国立女子师范学院临时院务委员会副主任委员。

1950年10月12日，中央人民政府教育部决定，将重庆国立女子师范学院、四川省立教育学院合并为西南师范学院（简称西师）。

1951年5月20日，西南文教部正式任命谢立惠为西师院务委员会副主任委员（主委暂缺），负责西师全面工作。同时，任命吴宓、方敬、周西卜、郭豫才、施白南、赖以庄等六人为院务委员。

当时，西南地区公立高等学校比较多，但各校规模过小、专业设置重复，课程紊乱、设备简陋，人事复杂、宗派林立，不能适应社会主义革命和建设对人才的急切需求。新成立的西南师范学院，其首要任务就是要探索改变这种状况，推行新的教育制度。谢立惠感到担子重，压力大。但只要是党的安排，他都无条件服从。

1952 年下半年，党中央和政务院制定了“以培养工业建设人才和师资为重点，发展专门学院和专科学校，整顿和加强综合性大学”的方针。按照这一方针，高等

西南师范学院大门

院校进行了院系调整。

四川大学、重庆大学、私立湘辉学院、勉仁学院、华西大学教育学院等近 10 所院校所属师范类系调整到西师。9 月 20 日，西师成立了以谢立惠为主任委员的院系调整委员会。10 月，西师由重庆沙坪坝迁往重庆北碚原川东行署所在地。

西师在进行院系调整前，只有教师 144 人，其中教授 58 人，副教授 17 人，讲师 22 人。经过院系调整，教师总数达到 232 人，其中教授 78 人，副教授 34 人，讲师 48 人。学校已拥有了一大批教学经验丰富、学术造诣深厚的知名专家学者，如吴宓[①]、谢立惠、郑兰华[②]等。

由于院务委员会成员和教师来自不同的单位，为搞好团结，谢立惠与委员和教师们进行面对面的交流，联

---

① 吴宓（1894—1978），陕西省泾阳人。中国现代著名西洋文学家、国学大师、诗人。曾任国立东南大学文学院教授、国立西南联合大学外文系教授，1941 年当选教育部部聘教授。是清华大学国学院创办人之一，学贯中西，融通古今，被称为中国比较文学之父，与陈寅恪、汤用彤并称“哈佛三杰”。著作有《吴宓诗集》、《文学与人生》、《吴宓日记》等。

② 郑兰华（1895—1971），浙江嘉兴人。1915 年保送入上海圣约翰大学，1925 年赴美国进修理论化学，获化学硕士学位。回国后，先后任职于长沙雅礼大学、北京协和医学院、沈阳东北大学、南京中央大学、南京金陵大学、上海医学院、重庆大学、女子师范学院、测量学校，及四川教育学院等院校副教授、教授。新中国成立后，任政务院文化教育委员会委员、西南师院化学系教授、系主任、校务委员会委员。1956 年后，当选为重庆市人民代表、第三届全国人民代表大会代表。1952 年 9 月参加九三学社，任重庆分社委员。

络感情。同时，在明确重点科系、教学力量相对稳定的前提下，调整充实优秀教师，做到人尽其才、人尽其用，大家心情舒畅。

在他的主导下，学院召开座谈会，广泛征求科系和教授们的建议，积极改革旧的教育制度。在心理学教学研究小组成立会议上，他指出：

> 你们来自不同学校，每个学校有自己一套好的教学经验，我们每个人也都有自己的长处，要实行集体备课与互相听课制度，通过这个平台，我们互相学习，就可以增进团结，共同进步，提高教学质量。

由于院务、调整委员会工作扎实，加上各位委员所拥有的人格魅力，几个月后，各学校、科系顺利合并，新旧教育制度实现较快转换，学校教学工作逐渐步入正常轨道。

1953 年 1 月 14 日，由中央人民政府主席毛泽东签发任命书，任命谢立惠为西南师范学院首任院长。院务委员会按教育部颁布的《高等学校暂行规定》重新设立，其职能是在院长领导下，对学校的重大事宜做出决定、提供咨询，而不再是学校的最高领导机构。

新成立的院务委员会由谢立惠、姚大非（副院长）、方敬等 29 人组成。1954 年 10 月，西南行政区撤销，西师成为教育部直属院校之一。1955 年 8 月，国务院任命原西南局宣传部副部长张永青[①]为西南师范学院院长，任命谢立惠、王逐萍、姚大非为副院长。

新中国成立初期，各高校缺乏办学经验，只有借鉴苏联的社会主义教育经验。西师的教学改革，建立新的教育制度、教学体系，从学习苏联经验开始，集中抓教学计划、教学内容、教学方法的改革。

1954 年 5 月 8 日，谢立惠在全院大会上做了学习教育部颁发的《师范学院暂行教学计划》报告，提出了改革的设想。1955 年初，谢立惠对教学改革进行了总结：

> 学习苏联经验的成绩是主要的，学习苏联进行教学改革以后，我们有了教学计划和教学大纲，有了明确的培养目标，明确了理论联系实际的方向，采用了苏联教材，学习了苏联的教学组织形式，成立了教研组，发挥了集体主义精神，提高了教学质量。在学习苏联过程中也出现了一些失误，特别是不考虑我国实际情况，生搬硬套地学习苏联，例如

---

① 张永青　1916 年出生，山西榆次人。1930 年至 1934 年在太原成成中学读书时，就参加了革命工作，1935 年加入中国共产党。抗日战争时期，曾任中共五台、崞县、定襄县委书记，中共中央晋绥分局第八地委宣传部部长、书记，晋绥第八军分区政委，中共吕梁区委宣传部部长。新中国成立后，历任中共川北区委宣传部副部长，川北日报社社长，中共中央西南局宣传部副秘书长、副部长，1954 年至 1983 年任西南师范学院党委书记兼院长。

学生负担过重等。

谢立惠重视对学生的思想引导。在旧中国，很多教师和学生抱有科技救国思想，教死书，死读书，最后报国无门，导致思想消极颓废。对此，他深有体会。

谢立惠强调，要加强思想政治工作：

> 教育学生要有远大的理想，崇高的抱负。要不断进行集体主义教育，正确认识个人与集体的关系，顾大局、识大体，讲团结，谦虚谨慎。要有实事求是、严肃、严密、严格的科学作风和对具体问题进行具体分析的科学方法。

在谢立惠的要求下，政治课教学研究小组按照循序渐进的原则，组织学生系统学习马列主义、毛泽东思想理论。他还亲自讲授辩证法，通过深入浅出的事例，提高大家的学习兴趣，在不知不觉中掌握辩证法的基本原理。

一些学生表示，过去一提起唯物辩证法，都感到高深莫测。听了他的课，才知道辩证法无处不在，大家都不自觉地运用了辩证法，只是没有觉察到。现在知道了辩证法，大家自觉将其融入思想，用以指导生活、工作和学习。

谢立惠以勤奋踏实的工作和优秀的人品，赢得了西师广大师生员工的尊重，完成了党交给他的工作。1953年春节，中共中央西南局第一书记邓小平、西南军区司令员贺龙到西师视察，同年冬，中共中央宣传部部长陆定一到西师视察，对西师工作给予了充分肯定。

为纪念谢立惠对西师创建和发展做出的历史贡献，西师将校区内一条道路命名为“立惠路”。西南大学（西南师范大学与西南农业大学合并为西南大学）又将物理楼命名为“立惠楼”。

1958年1月29日，由国务院总理周恩来签署任命书，任命谢立惠为成都电讯工程学院（简称成电）院长。

成电于1956年成立，学校各方面的工作千头万绪。到任后，谢立惠在负责全面工作的同时，把主要精力放

1959年谢立惠在成都与苏联专家合影。

在抓提高教学质量上，他还兼任普通物理、无线电原理、电子物理等课程的教学工作。

1959年初，成电进行了专业调整。

谢立惠认为，随着电子科学技术的高速发展，数学、物理、化学等课程内容需要进行适当调整，电子方面的专业也要根据国家经济建设与国防建设需要进行调整。

3月11日，第一机械工业部批复同意学院《关于部分专门化或专业的调整的初步意见的报告》，撤销有线电系，改为电讯系（即一系），下设市内电话、长途电讯、无线电通讯和无线电测量4个专业；在四系（火箭控制系）设置了火箭计算机、火箭遥控遥测、火箭自动控制、红外线、陀螺仪等5个专业；在六系设置了无线电数学、物理和化学3个基础性专业；特别是在二系设立了雷达专业，圆了谢立惠近10年的梦想。

紧接着，成电进行了教学改革试点。

1960年5月，成电召开教学改革试点大会，谢立惠做了《关于教学改革试点计划的动员报告》，就教改的目的要求、组织领导、试点工作、指导思想、教学工作安排等做了具体说明，并确定雷达专业为全校教改工作试点专业。随即，教学改革在全院推开。1963年7月，学院总结试点成果，向国防科工委、教育部、省高教局报送了12个专业的教学计划，新修订的75门课程教学

成都电讯工程学院

大纲。

1964年，全国各高校积极贯彻毛泽东同志在春节座谈会上关于教育工作要减轻学生负担、改革教学方法的指示，掀起了改革教学方法的高潮。谢立惠对这一指示表示坚决拥护，并组织广大教师积极实践。

谢立惠在多种场合与教师交换意见：

注入式教学，教师容易教，只要把一本教材准备好、掌握了，就能讲课。学生亦容易学，教师把一本教材嚼烂了，喂给学生，学生自然容易听懂和消化。启发式教学法着重在于培养学生独立自学、独立思考和分析问题的能力。讲课不能单向的“先生讲，学生听”，而要允许“双向”的交流。老师除正常教课，还要指导学生看课外参考书，看参考书必有问题向教师提问。这样，教师教一门课程，只掌握一本教材就不行了，学生提问题，不会只限制在一本教材内。这就要求教师提高教学水平、继

摄于1961年

续学习。对学生亦要求高了，教师不是把教材详细地讲给学生，而要求学生自己钻研，以逐步训练学生有独立自学、独立思考的能力。学生不能只看一本教材，还要看参考书。

正是由于启发式教学方法对教师提出了非常高的要求，因此，推动起来非常困难。谢立惠就抓了几个典型，组织教师互相听课，互相学习，取长补短，进行座谈总结。谢立惠回忆，经过大家的努力，总结出教学过程中的几个环节：

1．主讲教师提纲挈领地讲主要内容、重点和难点。讲课时，师生可以互相提问；2．在教师引导下，学生自学教材和参考书；3．学生分小组讨论，主讲教师或辅导教师指导讨论；4．主讲教师对讨论中暴露出来的一些概念模糊或未搞清楚的问题做出讲解。但这种讲解亦只是“画龙点睛”，启发学生思路，亦可让一些学习好的学生讲。

启发式教学方法得到大多数师生的认可。大家总结，这种方法有利于培养学生独立自学、独立分析问题的能力；更好地调动学生学习的主动性和积极性；学生对教学内容有了更深入的理解，真正学到了手；有利于发现和培养突出冒尖人才；促进教师努力学习，提高自己的教学水平；发扬了学术民主，养成了学术民主的好学风。

有感于自己在中央大学附中因身体原因而休学一年的经历，谢立惠非常重视体育锻炼。在中大，有两种体育运动；普通操场上的体育，再就是聘请武术师傅，在体育馆教打拳，每天早晨6至7点，练一个多小时。他与汪楚宝练双打，还学用棍、刀、剑法，中大四年，从不间断。

在学校，谢立惠提出：

> 青年们要向科学技术进军，要在实现四个现代化的新长征中做出贡献，任务是艰巨的，没有健康的身体，充沛的精力，是不能担当这个艰巨任务的。

在西南师范学院，他要求建立一个长达200米的大操场，几十个篮球场、排球场，还有三个网球场。冬天，他经常穿着单薄的衣服打网球。在成电，他虽然不会游泳，但鼓励修建游泳池。20世纪60年代上半期，成电经常开展体育竞赛活动，只要有时间，他都会亲自到场观看。他自己一贯重视身体锻炼，喜欢打网球和太极拳，无论是在西师还是在成电，周末网球场上时时会有他的身影。他还喜欢下围棋和打桥牌，早年在重庆大学周末常与柯召先生下围棋；1986年，成电八系围棋协会聘请他为“八系业余围棋协会名誉会长”。80年代，从领导岗位下来后，还经常与亲属、老师和学生下围棋，他的妹夫李志谦几乎每周末都要陪他下围棋。

成电坚持社会主义办学方向，坚持扎实、开拓的工作精神，实现了较快发展。1960年10月，根据中共中央、国务院《关于增加全国重点高等学校的决定》，成电被确定为全国重点高等学校。

第二节　平易近人的师长

1986年6月，应安徽省政协邀请，因三伯父谢叔骞的渊源，谢立惠赴合肥市参加“中国讨袁四大都督之一、谢叔骞好友及妻兄柏文蔚先生诞辰110周年纪念会”。在合肥期间，他下榻稻香楼宾馆。

谢立惠返乡的消息不胫而走。在皖的当年合肥女六中的学友多方打听他的行程，纷纷奔走相告，并择日相约拜访了这位良师益友。

50多年过去了，这些学生最年轻的67岁，最大的73岁。她们见到谢立惠，仿佛回到了过去，对他敬重、爱戴有加，围着他叙说过去学习生活的点滴，并感谢谆谆教诲。抚今忆昔，大家无不热泪盈眶。

从1932年1月到1937年春，谢立惠在女六中前后任物理教师五年多。在学校，他平易近人，在教学生知识的同时，教她们革命的道理，教她们如何做人做事，并把一部分同学引上了革命道路。

从1937年开始，谢立惠任教于重庆大学，并在不同时期兼任中央大学、复旦大学、国民党军政部兵工专门学校、国立女子师范学院、西南工业专科学校等校的物理、数学教授。

在教学岗位上，他从不挑剔。20世纪30年代末，重庆大学要求数理系开设球面三角学、最小二乘式两门课程。这两门课都非常偏，教师们大多不愿意教。系里征求谢立惠的意见，他马上答应了。这两门课，他在中央大学曾经学过，球面三角学还没有适应的教材，要自己编撰。初生牛犊不怕虎，30多岁的他在接受任务后，认真备课，圆满完成教学任务，而且效果还非常好。

新中国成立以后，他担任高校的领导工作，除了处理大量行政事务外，始终坚持工作在教学第一线。他认为，作为领导，如果不参与教学，不与老师和学生接触，就不能掌握情况，领导就是“瞎领导”，制定规章制度只能是闭门造车，这样的领导是不会受欢迎的。

他讲授过的课程先后有普通物理、电磁学、光学、理论力学、电动力学、微积分、微分方程、高等微积分、应用电子学、电磁场理论、无线电原理、无线电技术、电工学、电子物理等十几门课。他从事教育工作50多年，为3000多名学生授课，学生中成长为中国科学院院士、教授、研究员和高级工程师者不在少数，不少人是科技战线的中坚和骨干，可谓桃李遍天下。

一次，谢立惠的学生——中国科学院学部委员汤定元①回到成电，并来到三系参观。在三系，系主任陈星弼②是汤定元的学生，而当时在教研室接待他们的教师又是陈星弼的学生，可谓“四世同堂”。兴奋之余，大家在一起照了一张“全家福”。

谢立惠强调，按照党的要求，做高级知识分子的统战工作，自己首先就应有较高的业务水平。几十年如一日，他始终坚持每天工作、学习十几个小时，锲而不

① 汤定元　固体物理学家，历任中国科学院上海技术物理研究所所长、研究员，中国半导体学科和红外学科创始人之一。参加和指导研制了硅太阳能电池、高能粒子探测器等多种光电器件；研制了硫化铅、锑化铟、锗掺汞、碲镉汞等各种红外探测器的材料和顺件。在把半导体红外器件成功地应用于中国探测、空间遥感方面，有开拓性贡献。

② 陈星弼　半导体器件及微电子学专家。1952年毕业于同济大学。1956年开始在成都电讯工程学院工作。1980年美国俄亥俄州大学作访问学者。1981年加州大学伯克莱分校作访问学者、研究工程师。1983年任电子科技大学微电子科学与工程系系主任、微电子研究所所长。曾先后被聘为加拿大多伦多大学电器工程系客座教授，英国威尔斯大学天鹅海分校高级客座教授。1999年当选中国科学院院士。

舍地钻研学问。积几十年的努力，他知识渊博，精通英语，尤其在无线电物理方面有高深造诣。

谢立惠对如何当好教师有自己的体会。他曾对他的儿子谢云荪说：

> 当好教师有两条：一是“肚中有货”；二是“站好讲台”。所谓“肚中有货”，就是教师自己要有较高的业务水平，才能在讲课中内容充实，条理清楚，深入浅出，举一反三，不误人子弟。俗话说：要给学生一碗水，教师就应有一桶水。所谓“站好讲台”就是要备课认真，一丝不苟，讲课要讲究方法，要受学生欢迎。

他常说：

> 在国民党统治时期，不仅要平易近人，诚心实意地与学生交朋友，还要有真才实学，这样才能赢得学生的尊敬和信任，说的话学生才会听。一名合格的教师是地下工作最好的掩护。

谢立惠上课总是充满激情，声音洪亮，上课前总是认真编写讲授提纲，授课中充分考虑如何使学生了解难点重点，启发他们的思维，因势利导，深入浅出。课后还要辅导学生，认真批改作业，与学生谈心，了解教与学的结合情况，不断完善教学方法。

朱传秀回忆：

新中国成立前，他在国立女子师范学院任兼职教授，为理化系学生上课，当时他用双语教学，他纯熟的英语及透彻清晰的讲解，给人一种清新的感觉，同学们认可、喜欢这种讲法。

他讲课时，思路清晰、重点突出、深入浅出、富于启发性和吸引力。他在处理比较抽象的概念时，总用一些生动的具体事例，通过类比形象的叙述，激发了学生的思维活动，提高了对知识的理解。他上的课妙趣横生，课堂气氛活跃，同学们听他的课感到轻松愉快。

谢立惠的学生李静媛回忆：

抗战胜利后，国立女子师范学院不少教师返回北平、南京，学院师资严重不足，当时的院长劳君展聘请了谢立惠教授任兼职教师。

谢立惠老师担任我们班的电磁学和电子学两门课程的教学工作，他对学生态度非常亲切，关爱我们像慈父一般；讲课声音洪亮，哪怕很少几个人也是如此。他写的备课本工整整齐。他的家住在沙坪坝重庆大学校舍，要翻山越岭步行到九龙坡女师院上课。但他从不迟到。我们的作业他都是全批全改，常常要背着学生的作业往返于沙坪坝和九龙坡，早出晚归，十分辛苦。谢老师严肃认真、一丝不苟的教学态度和循序善诱、诲人不倦的精神给我留下终生难忘的印象。那时他不是共产党员，但是，我们都知道他是支持学生运动的。

80年代中期，我由沈阳调回成都科技大学执教后，曾去看望谢老师。分别近40年，谢老师还能记住我的名字，并回忆出我40年前的样子，还说："你的脸型变了，原来是圆脸，怎么变了？"

由于他的学术水平高、实践能力强，1939年冬，由国民政府教育部批准，年仅32岁、做过物理讲师4年（广西大学1年）的谢立惠晋升为重庆大学教授（当时高等学校教师是助教、讲师、教授三级，以后才增加副教授级），不久担任了重大数理系主任。

1954年，大学教师评定职称，谢立惠定为教授二级。那时一、二级教授都是由教育部直接评定的。

不管是对什么人，谢立惠都平等相待，从不摆架子。谢云荪回忆：

父亲在重庆大学数理系任教授时……当时我还小，只感到他很忙。有时学生到家中来找他，他十

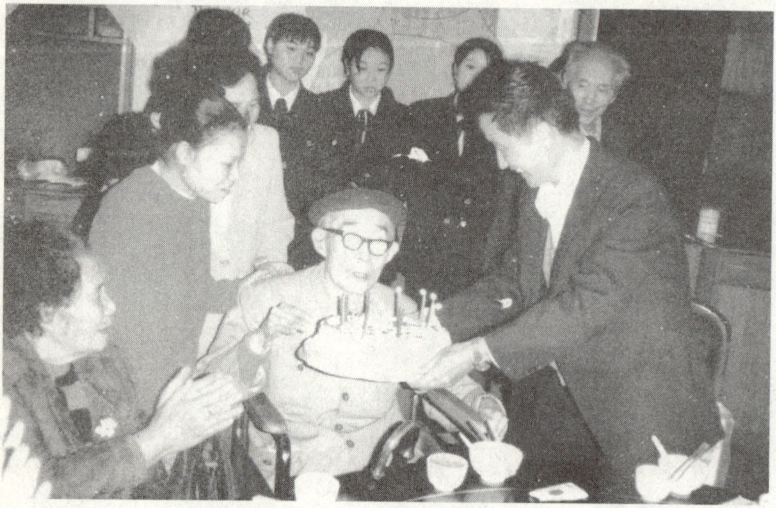

1995年原中央工校校友会给谢立惠88岁寿辰祝寿。

分和蔼地与他们交换意见，探讨问题。对学生提出的问题，他总是不厌其烦，反复解答，直到学生明白为止。他对同事、对学生、对工人都十分关心。记得当时重庆大学数理系实验室有一位老工人，儿子没有工作，父亲对此十分关心。后来，帮助他找到一个工作。我和两个姐姐在南开中学读书，中午请一位年轻工人给我们送饭。父亲对他也十分关心，推荐他去进修提高，后来成长为一名国家干部。

谢立惠把青年学生看作是新中国的未来，是社会主义建设的栋梁，因而对学生关怀备至。学生把他当作亲人，有事愿意向他倾诉，求得他的指点和帮助。

1962年11月，成电发生锅炉爆炸事故，死亡7人，重伤12人，轻伤24人，死伤者主要是学生。他代表学院看望伤者，处理善后。其中有一名学生炸伤了腿，医院诊断后认为需要截肢。谢立惠知道后，心急如焚。他想，才十几岁的学生，今后的路还很长，截肢将极大地影响到他今后的工作和生活。于是，他到医院看望安慰这名学生，找医生详细了解伤情，亲自到成都体育学院，恳请骨科专家郑怀贤教授参与会诊。经过郑教授的精心治疗，这名学生的腿总算是保住了。

第三节　理论与实践相结合的倡导者

谢云荪回忆：

> 在家中从小给我的印象很深的是父亲爱买电子元件，自己动手组装收音机。记得在40年代，他装了一个体积很大的8个电子管的中、短波收音机，收听效果很好。在他的影响下，弟弟坪生从小就喜欢自己动手装收音机，以至他以后学电子工程。

重视培养学生实践能力，是谢立惠办学的一贯思路。谢立惠在多种场合强调，既要加强基础理论教学，又要加强实践环节教学。要充分认识搞好实验教学的重要性，加强实验室建设。他曾回忆：

> 新中国成立前，理工科大学实验仪器设备稀少陈旧，能勉强为学生开实验课就很不错了。拿这样的实验手段，要在实验室做科学研究，是不可能的。
>
> 在绝大多数科技类大学的实验设备是比较落后的，与国外先进的大学比，差距相当大，除少数学科外，一个专业如果没有比较现代化的实验手段，就不可能培养出高水平的科学技术专家，要出科学技术“尖子”，更是难以做到的。

为了提高学生的实践能力，谢立惠为克服设备不足的困难，亲自动手，加强实验室的建设。1937年春，他在重庆大学数理系任物理讲师兼实验室主任。那时的教授或讲师一般要教2门课，担任9个学分左右的课程。谢立惠主要担任普通物理和一门专业课电磁学（电学原理）或无线电原理等课程。大学所用的教材一般都是美国或英国出版的高等学校教材，而实验讲义则由教师自己编写。他亲手改建了数理系普通物理实验室，创建了电磁学实验室和无线电原理实验室。

要创建一个实验室，困难是非常大的。《重庆大学校史》编委这样评述谢立惠：

> 他亲自筹办实验室，那时连尺子都是外国造

的。他就亲自动手做，经常跑废旧店，选择实验室需要的东西。比如矽钢片，他买来就自己绕线圈做变压器，还有无线电零件，也是买来自己组装。这对我们影响很深。

当时，重庆大学没有完整的无线电实验仪器设备，谢立惠根据实验室内所有的元件、器件和仪表拼凑装成仪器设备，再用这些仪器设备设计了十几个实验室。朱传秀回忆：

> 实验室常用的设备，如多插头电源接线板、整流器、稳压电源、信号发生器、一些测试仪器等，都是他利用空闲时间和星期天，一台一台焊接组装出来的。

谢立惠非常爱惜这些设备。重庆天气夏秋多晴天，冬春多大雾。在1940年前后三年多，日机经常在5到10月对重庆进行不间断地轰炸。在此期间，学校不上课，他就在5月份将所有较好的设备装箱，运到日机不炸的嘉陵江对面，到10月份再运回来。

谢立惠还编写了三种实验的讲义。以后，他将电磁学讲义进行补充整理，写成了《电磁学测量的理论和实验技术》一书，其内容包括电磁学原理和实验。因为这本书的专业性太强，估计市场销量不大，插图又多，所以书店不愿出版。新中国成立后，在紧张工作之余，他对该书进行了补充。“文革”期间，几次抄家，书稿令人遗憾地丢失了。

50年代初期，在西师的一次院系负责人座谈会上，他指出，通过实验课，可以调动学生学习的主动性、积极性，更有利于加深对理论的理解和掌握。他强调：

> 高等学校教师的任务，主要是培养学生对某一专业有独立自学、独立钻研的能力，能随着学科的发展而继续学习，有逐步独立进行科学研究和设计的理论基础和实验技能，有分析问题、解决问题的能力。也就是说，要使学生有长远的“后劲”，有较强的动手能力。

在西师，他不仅担任物理系无线电技术、电工学、电动力学课程的教学工作，而且非常重视实验室的建设，亲自筹建了该系的无线电实验室及电磁学实验室，编写教材和实验讲义。朱传秀回忆：

> 在实验内容上，他主张精简部分验证性实验，增加一些设计性、综合性、创造性实验。他主张理科可以开放一些实验室。学生可以自行安排实验、更好地掌握一些实验仪器的使用和操作技能，使学生实验技能及动手能力能得到进一步提高。

为了准备实验，他常常工作在实验室，并亲自指导学生进行物理实验。

在成电，谢立惠也非常重视实验室的建设，1959 年上半年，成电对各系已有实验室进行了大规模改造和扩充，拟定了学生在校期间的实验计划，就实验时间、内容、目标等做了明确规定。总结自己的理论和实践活动，他提出："实验课大多亦是老传统的方法，教师安排好实验仪器设备，学生照实验指导书做，观察现象，记录数据，验证理论，学会使用仪器。这样不利于培养学生有独立设计实验的技能。由于各专业设置不同，在实验方面要调动学生的积极性，有条件的可以开放实验室，让学生随时可以按教学的设置和实际的需要进行实验，教师进行指导，不要设置太多的框框。还要增加实验的时间。苏联无线电技术专业本科生的五年制教学计划，有三次大型课程作业、五次课程设计，还有毕业设计将近一学期，生产实习三次。他们这样的重视设计和实践教学环节的精神，是值得我们参考的。"

1960 年 3 月，成电举办首次科研成就展览会，展示成电在猛攻尖端、自制仪器、充实实验设备等方面的情况和成果。国务院副总理聂荣臻参观了展览，听取了谢立惠的汇报，非常高兴，并题词："看了展览很高兴。望继续努力，获得新的更大的成就。"1962 年 11 月，副总参谋长张爱萍上将专门视察实验室，对学院的建设与发展做出了重要指示。

20世纪80年代初期，在成电一次院务会议上，谢立惠谈关于理论与实践的关系时，指出：

> 现在学校里还有重理论、轻实践的思想倾向，对实验课不够重视，这是一种短视的做法。科学实验是科学理论的源泉，科学实验推动了科学理论的发展，科学实验又是检验科学理论是否正确的唯一标准。实验课是培养学生向科学进军的必不可少的训练。基础课的实验课，是对学生实验技能的基本

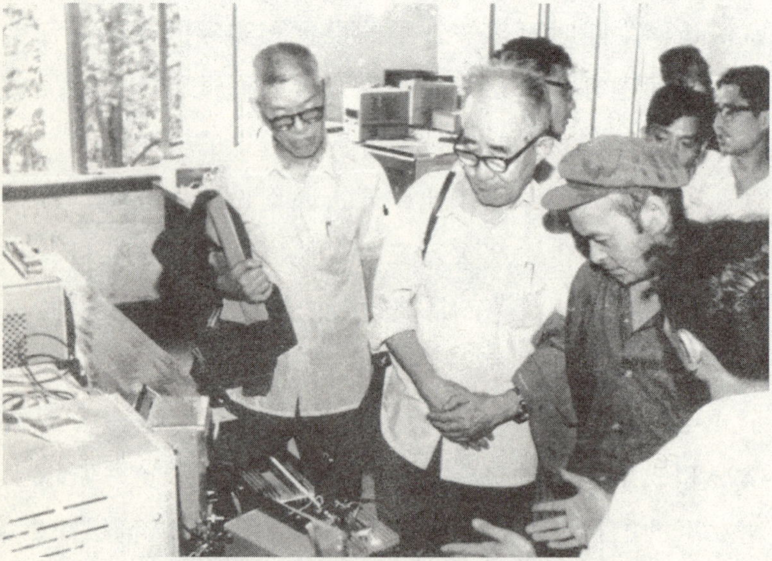

1982年谢立惠在成都电讯工程学院视察校办工厂。

训练。如逐步训练学生使用较复杂的测量仪器，了解较复杂的测量技术，分析、处理所得的实验数据，包括误差计算，对于学生掌握测量基础理论非常重要。在高等工业学校整个学习过程中，都要重视实验技术的锻炼，这种锻炼是逐步地由简到繁，由低级到高级，由教师直接帮助到学生的自己独立设计。通过实验亦加深了学生对科学理论的理解。

第四节　热心高等教育改革

谢立惠对高等教育改革的思考，来源于他对自己几十年高校工作经验的总结，特别是对新中国成立以后，高等教育事业曲折发展的反思。

“文化大革命”结束后，高等院校是“文革”的重灾区，百废待兴。他非常痛心地说：

林彪“四人帮”横行的十年，对于我们国家来说，国民经济濒于崩溃的边缘，是灾难的十年；对于科学事业和教育事业来说，更是灾难的十年。对于老年的科学工作者，正像成熟的种子，正要传种的时期，遭到狂风暴雨的袭击，精神上肉体上受到严重的摧残。对于中年科学工作者，那时刚离开学校不久，正在发展成长、阔步前进的时期，来一个大冲击，停滞不前，甚至倒退。对于青少年，什么“白卷英雄”、“知识越多越反动”，造成许多青少年不想读书，不能读书，出现大批的半文盲和科盲，使我国在科学教育事业上，严重的青黄不接，严重的大倒退，真是十年浩劫……

为了尽力挽回“文革”十年所造成的损失，他潜心研究我国高等教育体制改革发展的方向，并向有关部门提出一系列意见和建议，为高等教育事业发展出谋划策。

1980年1月，他撰写了《对于高等工业教育若干问题的意见》，提出14条意见，报送教育部和四机部，部分意见得到重视和采纳。他提出，“设置重点专业，发挥优势，培养优势，更快地促进我国科学技术现代化”。这一建议报到教育部，并在全国政协五届三次会议上作为提案提出，向在成都出席有关会议的教育部副部长浦通修做当面汇报。教育部经过认真研究，采纳了他的建议，做出“集中资源、设立重点专业”的决定。

1980年，就教学考核评估的问题，谢立惠提出，在高等学校里，对教师工作需要制定一个合理的考核规程，破除吃“大锅饭”。他建议：

要贯彻按劳分配、多劳多得的原则；设立教学

> 质量优秀奖、教学方法改革奖、实验改革奖、优秀教材奖、超额工作奖；学校要对积极进行教学改革、出色完成教学任务、勇于承担超额任务、按计划较好完成科研任务、有特殊成绩的教师，大张旗鼓地进行奖励；多次获得奖励的教师可授予优秀教师的荣誉称号；对优秀教师提升职称、工资晋级等有特殊考虑。
>
> 教师是脑力劳动者，教师的教学工作基本上是个体劳动，考核教师工作不能简单地以数量确定，而要重视教学质量的考核，宜粗不宜细，要鼓励竞争。

他的建议直接报送到教育部。1981年4月，教育部制定了《高等学校教师工作量试行办法》和《高等学校教师教学工作量超额酬金暂行规定》，采纳了他的一些建议。

谢立惠积极倡议高校领导体制和管理制度的改革。他呼吁“大学办社会”的体制应当逐步改革：

> 一个规模大的高等学校结构和任务，就像小而全的一个城镇，大学校长兼任“镇长”，不能集中力量抓培养人才。

他建议高等学校可划分教务部和后勤部两大部门，有相对的独立性，系一级完全不管后勤工作。这就使主管教务部门的各级领导和系领导，能集中精力抓教学质量的提高，培养更好更多的高级人才。

针对工科大学电子类专业涉及教学内容多，在加强基础理论课、增加实践性教学、严格毕业设计环节等方面存在的突出矛盾，1982 年 5 月，他与重庆邮电学院无线电专家刘宜伦[①]教授提出，4 年时间，工科大学电子类专业无法保证培养出一个合格大学毕业生，建议有些可改为 5 年制。教育部非常重视，进行了调研，并回复：

> 教育部拟在制定“六五”计划及十年设想的工作中，会同国家计委等有关部门，广泛听取各方面的意见，在调查研究的基础上，提出学制调整改革的意见。

1983 年 1 月 12 日至 2 月 10 日，中国电子学会在职教育考察团赴美考察。谢立惠是考察团团长。他对美国以高等学校毕业的在职科技人员为主要对象，开展的继续教育有浓厚的兴趣。

在 28 天里，代表团一行先后访问了纽约、波士顿、

---

① 刘宜伦（1913—2009），福建长乐人，重庆邮电大学教授，电信网络理论家、教育家。我国电信网络教学的开拓者，长期从事通信教学与科研工作，为培养和造就通信技术人才作出了重要贡献。曾主持和参加了数字通信设备的研制工作，并研制出 8448 千比特／秒的脉码调制数字复接式设备，推动了我国通信技术向数字化发展。

1983 年谢立惠率中国电子学会在职教育考察团赴美考察，与团员合影。

费城等 10 个城市，参观了麻省理工学院、加州理工学院、斯坦福大学等 13 所大学，1 个职业学校，6 个公司和贝尔实验室。面对美国高校的继续教育体制，作为中国内地重点高校的负责人和电子技术专家，他感到巨大的压力。

回国后，他立即起草报告，认为继续教育是防止科技人员的知识老化，至少是推迟老化所必需的一种教育形式。

像资本主义的美国，他们把继续教育与本科生教育、研究生教育摆到同等重要地位，给予巨大的投资，使之不断扩大化、现代化、制度化。他认为，这是很重要的智力投资，对我们有很大的启发。

在美国，公司的市场竞争是非常激烈的，每一个公司必须不断地进行产品更新，生产出价廉物美的新产品，才能在国内、国际市场保持竞争能力。这是美国继续教育的原动力。而我们对继续教育的重要性缺乏认识。

在报告中，他提出建议：

在教育改革中，应该大力开展科学技术教育，提高在职人员的科学技术水平。一是要大力开展普及科学教育，适应广大工人、农民的学习需要；二是要继续发展不同层次的高等教育，积极发展中等职业教育，以培养不同类型的科技专门队伍，包括各学科学术带头人，大量的水平不同的高级专门人才和庞大的中级科技队伍；三是要重视对大量的科技专门人才的继续教育，这是改变现有科技队伍知识老化的重要手段。

1983年4月，他退居二线后，对高等教育事业进行更多、更为系统的思考。在成电的一次座谈会上，他强调：

我们的教育、科学发展很落后，教育、科学和国民经济部门之间的比例也很不合理。如果不解决这个问题，四个现代化就无法实现。

他向成电积极进言：

我在教育界工作超过50年，经验不多，教训却是不少的。我从过去的一些经验和许多教训中，认识了一些教育规律，但还是很不成熟的。我又经常参加教育工作会，亦到外国专门考察过教育。我对如何走中国自己道路，进行大学教育的专业设置、领导体制、教学方法和内容等方面的改革，培养质量更高的工程技术人才，这四五年来曾写过10多篇文章。我愿意根据我过去经验教训，对这些改革提出建议，并在我院党委的领导下，进行一些关于专业设置、教学方法、教学内容改革的试验。

荣誉证书

謝立惠 教授从事高校科技工作四十年，成绩显著。特颁此证，予以表彰。

国家教育委员会

一九九〇年十二月

1990年国家教委颁发给谢立惠的荣誉证书

证　书

谢立惠同志：

为了表彰您为发展我国高等教育事业做出的突出贡献，特决定从一九九一年七月起发给政府特殊津贴并颁发证书。

国务院

政府特殊津贴第(91)336025

一九九一年十月一日

1991 年谢立惠获国务院颁发的首批政府特殊津贴

这就是一位对发展中国高等教育事业充满感情与激情的大家之风范。

第十章　遗范千古

第一节　坚定信念，忠诚党的事业

谢立惠始终坚定信念，忠诚党的事业。从 1932 年他加入中国共产党起，包括 1934 年夏与党组织失去联系后，他始终以党员标准严格要求自己，接受党的领导，不怕牺牲，不畏艰苦，积极投身于如火如荼的新民主主义革命、社会主义革命和建设事业中，并积极争取回到党内。

1950 年上半年，重庆刚刚解放，按照中共西南局军政委员会的要求，作为民主进步人士，谢立惠参加党的工作，动员和组织重庆大学旧行政、军宪警特人员进行身份登记。在此期间，他向重庆三区（沙坪坝）区委书记张文澄[①]提出申请，希望重新回到党内。

不久，张文澄找谢立惠谈心，告诉他，过去加入地下党的事，一时不容易调查清楚，可以考虑先重新入党，以后再调查确认入党时间。谢立惠马上表示同意。

得知这一情况，中共西南局统战部部长程子健和党派处处长彭友今找谢立惠谈话，指出：

> 你是九三学社发起人之一，要继续做好九三学社的领导工作，这是别人代替不了的，是党赋予你的历史任务，现在还不是考虑你入党问题的时候。史良（中国著名法学家、政治家，中华人民共和国司法部首任部长，曾任民盟中央主席）曾几次向中央领导提出加入党的要求，恩来同志就强调，史大姐在党的统战事业中所起的作用，是邓大姐（邓颖超）所不能代替的。史大姐如果入了党，那就同邓大姐一样，失去了原有的作用。你虽然是在党外，但我们还是要用党员的标准要求你、对待你。

① 张文澄（1915—1998），四川仁寿人。1937年2月加入中华民族解放先锋队，随即加入中共，抗日战争时期在四川从事地下工作，1941年被周恩来派赴云南任调研组长。1946年任公开的中共四川省委副秘书长。后在上海、香港工作，在武汉任市委常委。新中国成立后，历任重庆市委委员、副秘书长，第三区区委书记，市委常委、宣传部部长，西南政法学院党委书记、重庆大学党委书记。1983年9月当选为重庆市第十届人大常委会主任、党组书记，是四川省第六届人大代表，第六届、第七届全国人大代表。

1952年，担任西南师范学院院务委员会副主任委员的谢立惠为了更好地开展工作，再次向三区区委提出入党申请。

就此，区委进行专门研究。8月24日，区委组织部向市委组织部做了专门汇报，认为他“解放前表现进步，且积极支持学生运动，解放后工作积极、政治觉悟高，在群众中威信非常高，符合加入中共的八项条件”。

9月，市委组织部原则表示同意，并向西南局组织部、统战部汇报。10月，市委统战部专门致函给西南局组织部，认为：

> 谢在民主人士中，是群众威信较高，有相当的社会地位，并能完全靠拢我党的进步分子。以他的情况讲，作为一个民主人士比作一个党员在社会上起的号召作用更大，对工作更为有利。

西南局组织部采纳了这一建议。

1956年，在西师，有一大批知识分子加入了中国共产党。受此影响，谢立惠也向西师党委提出申请。党委表示同意，并报市委统战部。经慎重研究，市委统战部仍认为谢立惠在党外搞民主党派工作对党的事业更有利一些，并告知西师党委并请代转谢立惠，入党的事以后再说。

1957年底，国务院决定调谢立惠到成都电讯工程学院任院长。谢立惠表示服从工作安排，并希望到成电前，解决中共党组织关系。

1958年春，中共重庆市委组织部肖副部长当面通知他："经过市委研究，考虑接收你为秘密党员，这样更有利于你做统战工作，相关的情况市委会与四川省委沟通。"

谢立惠非常激动，在失去组织关系24年后，他终于重新回到党的怀抱，并当即表示，他将加倍努力工作，为党的事业做出更大贡献。

1958年4月，谢立惠正式就任成电院长，中共成都市委统战部雷汉统、薛安庆部长与他面谈，告诉他，省委已批准他为秘密党员，但组织关系不在成电，而在省委统战部，与李修同志直接联系。交党费、阅读党内文件等，直接到省委统战部。

1961年，成电划归国防科工委领导。国防科工委向中央统战部提出，国防机关里不能有秘密党员。1962年，中共四川省委正式批准谢立惠为公开党员，组织关系转到成电。1979年1月，谢立惠光荣出席了中共四川省第三次党员代表大会，并当选为省委委员。

谢立惠深情地回顾了这一过程：

从新中国成立后这一系列事实证明，我们党的政策是希望搞统战工作的民主人士，留在党外更好一些。这就可以证明，为什么那时潘梓年同志不同意解决我的党组织关系，是希望我更好地做统战工作。虽然因为要搞九三学社工作而不能入党，但我仍遵守党的指示，服从革命工作的需要，同时出于对九三学社深厚的感情，积极做好九三学社工作。

第二节　党的统一战线政策的忠实执行者

谢立惠对党的统一战线政策有着深刻的认识，对九三学社充满感情，是党的统一战线政策的忠实执行者。他认为：

中国的革命和建设，都需要一个由中国共产党领导的最广泛的统一战线。无论新中国成立前后，统一战线都是威力无穷的法宝，什么时候，我们党领导的统一战线得到巩固和加强，我们的革命事业就胜利，就发展；什么时候，我们党领导的统一战线遭到破坏或削弱，我们的革命事业就受挫折。

他强调：

不同的革命阶段，统一战线的目的、任务和阵营是不同的。它随着斗争形势的发展而变化。在变化中，中国共产党是正确运用统一战线这一法宝引导各民主党派前进的指路人。我们九三学社从最初建立到今天成为党领导的多党派合作中一员的历史，可以是最好的说明。

1985年9月3日，他集几十年的革命经历发表感言：

从九三学社成立，到今年9月3日已40年了。回顾这40年走过的道路，令我感触特深的，是党的统一战线政策的正确与英明。九三学社在中国的民主革命、社会主义革命和社会主义建设事业中，一直是党领导下统一战线阵营中一支坚强的战斗队伍。我们九三学社40年战斗的历史是光荣的。

他结合自身的经历，提出九三学社必须始终坚持正确的政治方向。他指出：

前不久，我参观了一次龙舟竞赛。龙舟上有一个“喊号子”的和一个掌舵的，有四五十个划船手，听他们的统一号令，统一划动，就能划行得很快。我深切感到，我们国家兴旺发达，全靠党稳稳地掌舵，而我们就像龙船的划手，必须在党的统一的号令下，步调一致，齐心协力，共同努力，才能取得更大的胜利。

他告诫九三学社的同志：

我们九三学社社员，在科技和教育界，人才荟萃，对实现我国社会主义现代化建设的宏伟目标，有义不容辞的责任。我们应当根据自身的优势，充分发挥我社在统一战线中应有的作用，巩固和加强中国共产党领导下多党派合作的基础，参加各种为革命建设服务的具体实践，为振兴中华，继续贡献我们的力量和智慧。这样，我们才无愧于40年来在统一战线阵营中光荣战斗的历史！

在他80寿辰时，九三学社成都市委送给他贺匾题词，对他给予高度评价：

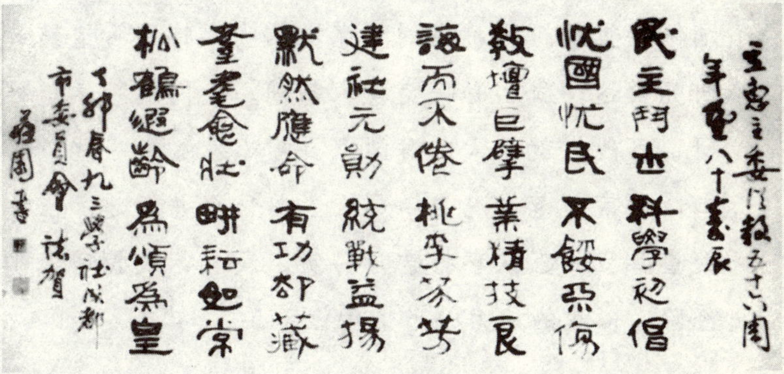

1987年九三学社成都市委给谢立惠八十寿辰的贺匾匾文

民主斗士，科学初倡；忧国忧民，不馁恶伤。
教坛巨擘，业精技良；诲而不倦，桃李芬芳。
建社元勋，统战益扬；默然应命，有功却藏。
耄耋愈壮，耕耘如常；松鹤遐龄，为颂为皇。

第三节　淡泊名利，德高望重

谢立惠一切以党的事业为重，淡泊名利，德高望重，受到广大教职工的敬佩。

1951 年 5 月，谢立惠被任命为西南师范学院院务委员会副主任委员，负责全面工作。他曾有过激烈的思想斗争。他回忆：

第一，我认为新中国已成立了，反对“三座大山”的革命任务已完成了，我应当可以为建设新中国做些贡献。我希望到研究机构去，特别希望继续研究雷达，我已有一定技术基础。专门搞教学与科研，可能成就更大，对国家贡献也就更大一些。第二，西南师范学院是由那么多单位合并新建，任务繁重。我一直从事教学与科研，没有行政管理工作经验。以我的能力，恐怕承担不了。

他不是畏难，也不是退缩，因为他担心如果工作搞不好，就会贻误了党的教育事业。在组织的教育和帮助下，他表示坚决服从。

1953 年 1 月，由中央人民政府主席毛泽东签发任命书，任命谢立惠为西南师范学院首任院长。

1954 年，西南行政区撤销。西南局有一批干部要充实到大学的领导班子。谢立惠得知消息后，认为由党员干部担任院长一职，更有利于加强党对学校的领导，于是，他主动提出申请，希望让西南局来的干部担任院长，自己担任副院长，并表示配合做好工作。

1955 年 8 月，国务院正式任命张永青为院长，谢立惠改任副院长。由此可以看出谢立惠以大局为重、淡泊名利的博大胸怀。

1958 年 1 月，由国务院总理周恩来签发任命书，任命谢立惠为成都电讯工程学院院长。

在“文化大革命”中，谢立惠历经磨难，戴上了叛徒、特务、国际间谍、反动学术权威、走资派的帽子，被批斗几十次，耳朵几乎被打聋。

最让谢立惠感到冤屈的是在一次批斗会上，他被挂上了“蒋介石的忠实走狗——大特务”的牌子。他想，自己是老党员、九三学社老社员，与蒋介石国民党反动政府斗争了几十年，就是为了推翻他们，让人民过上幸福生活，最后倒成了蒋介石的走狗，实在想不通。

他还被隔离审查1年。对于这些遭遇，谢立惠考虑的不是个人恩怨，他认为，“文革”对党、对国家、对民族都是一个血的教训。

20世纪70年代初期，谢立惠恢复组织生活，与400余名教职工赴西昌米易县湾丘“五七”干校劳动锻炼。

1973年1月，学院教学秩序逐步恢复，谢立惠被中共四川省革命委员会任命为成电革委会副主任。

1974年3月12日晚上，谢立惠在学院开完会回家，由于视力不好，被铁丝绊了一跤，两个月后头昏呕吐，还出现语言障碍。他被送进四川医学院附属医院脑外科进行检查，发现脑微血管破裂，情况已相当严重。医生马上对他进行了抢救性手术，在头顶上打了两个直径10毫米的洞，导出200毫升的淤血，他才活过来。

1978年5月，中共四川省委任命谢立惠为成电副院长。再次担任行政副职，谢立惠依然毫无怨言，他认为：只要能为党工作，能为国家多做一些贡献，把自己放在什么样的位置都不重要。

在工作和生活上，谢立惠对自己要求非常严格。1977年6月，为了探索教学改革，70高龄的谢立惠亲自带队，到南京、无锡、上海三市进行调研。这几个地方成电毕业生多、有多个专业的学生正在那里实习。

每到一地，谢立惠不辞辛苦，召开校友座谈会、毕业班带队老师汇报会，深入车间、研究所，与校友、实习学生交谈，拜访技术人员、工人师傅，就思想政治要求、培养目标、专业方向、课程设置、动手能力、产学结合等问题进行认真调研，形成文字材料。

他还特别要求，吃要简单、住要节约，尽量不要打搅实习单位。时任解放军通讯工程学院政委的郭化坚曾任成都电讯工程学院军宣队政委，考虑到部队招待所比较便宜，行前，院办公室专门联系了郭政委。

到了南京，通讯工程学院安排谢立惠住条件较好的小招待所，但他坚持与大家住到一个能够容纳十几人的“大通铺”。到调研单位，学院提出可以派车，他坚决不同意。一行人每天顶着烈日，乘公共汽车到各处调研。

在上海，住宿非常紧张。几经周折，在原合肥女六中学生、上海第一医学院党委书记李静一的联系下，他们才住进南京路与外滩之间的和平饭店。

饭店经理得知谢立惠是全国政协常委，安排他住条件好一些的北楼。他表示谢意，并坚持住进南楼价格最低、条件最差的双人间。房间酷热难耐。和平饭店配有电风扇放在壁柜里，举手可取，但要额外收费，他坚决不同意使用。

他反对出差利用公款游山玩水。在华东期间，大家唯一一次利用空闲，去观赏南京长江大桥，几次换乘公共汽车，步行很久才到桥上。

作为随员，时任校办公室副主任的漆再钦同志后来回忆：

> 这次随谢院长华东行，亲身见证了他吃、住、行低标准。他70高龄，宁可自己受热受累，也要节约每一分钱。他宁愿自己不方便，也不愿意打搅别人。这种艰苦奋斗、勤俭办学、节约每一分钱的精神，令我们十分感动，深受教育。在吃、住、行这些看起来很平常、很简单的一些小事上，反映出谢院长的高尚品德和崇高精神。

1983年4月，他退居二线，被任命为院顾问。1990年7月，他成为首批享受国务院政府特殊津贴的教授。

第四节　和睦大家庭的家长与榜样

据大女儿谢慧琼回忆：

> 1938年6月，当时父亲已在重庆大学任教。由于年逾七旬的老祖母不愿离开家乡，所以直到日本鬼子快打到了我的家乡安徽无为县时，即将临产的母亲才带着6岁的我、4岁的妹妹和老祖母一家老小逃离了家乡，加入了逃难大军。母亲在桐城一户

1952年7月谢立惠与家人在重庆合影　（前排左起谢坪生、谢立琦、朱传芳、谢立惠、谢立璟，后排左起谢云荪、谢立瑶、谢慧琼、朱传秀、谢慧瑷）。

闭门逃走人家的屋檐下生了大弟弟。产后的母亲把大弟弟用棉花裹着，放在篮子中，提着篮子仍继续带着我们步行到江西九江，才搭上去汉口的最后一班船，再由汉口乘船到了重庆。一路上历经说不尽的艰难困苦。产后的母亲还经历着这么沉重的负担和操劳，真是一个伟大的、坚强的母亲。

当谢立惠看到一个个虚弱得像生了大病的家人，看到好不容易团聚到一起的家，禁不住抱着妻儿泪流满面。

在谢立惠这一辈，他排行老大，有弟立毅、立文、立和，妹立琦、立珩、立玙，堂弟立璟、堂妹立瑶，同父异母弟立聪、立珣。爱人朱传芳也是老大，有弟道传，妹传玲、传秀，堂弟妹绪传、传华。

抗战开始时，除立聪、立珣还很小外，他们中有的参加了工作，有的在大学、中学读书。由于家乡沦陷，他们都先后逃难到重庆或随学校迁到重庆，并找到谢立惠。在学的虽然都就读于公立学校，但生活上很多时候还是靠谢立惠的帮助。据二女儿谢慧瑗回忆：

从这时起一直到1949年底重庆解放，凡逢寒暑假他们几乎都回到这个家，家里经常有十几人到二十几人（我曾数过一次26人）。

我父母对家中每个成员都非常好，大家和睦相

1986年谢立惠与妻子朱传芳合影

处，是个受人羡慕的大家庭。后来他们结婚了，有孩子了，逢寒暑假也依然回家。在这个家里无严格的长尊之分，大家无话不谈，思想活跃，兴趣相投。

谢立惠是这个大家庭理所当然的家长。

每次大家在一起，谢立惠有意识地让大家叙叙家常，更多地谈谈对社会和时局的看法。针对大家谈的情况，他加以分析，提出自己的见解。

在九三学社成立前，他负责一些联络工作，要收发会议通知或宣传品等。有时他忙不过来，就让家人帮忙。他们在不知不觉中，也受到一些启迪。据朱传秀回忆：

> 姐夫特别喜欢看中国共产党主办的《新华日报》。在他的影响下我也喜欢看这个报，从此我了解了共产党，听到了党的声音，看到了光明，受到了鼓舞，这对于一个深受国破家亡之苦的青年学生思想教育意义是多么重大。

谢立惠非常重视言传身教。在家里，他总是不停地工作学习。重庆是山城，交通很不方便，夏天非常炎热。谢立惠去上课，经常要步行很长的路。据谢慧瑗回忆：

> 他上课回家后，有时把汗衫脱下递给我，我一看都能拧出水来。而他拿起毛巾把前胸后背一擦，

又忙起来。他不是看书、看报、看外文科技书刊，就是写东西，或在堆满无线电元器件的桌上焊接收音机等等，一刻也不休息。我从没有见父亲睡过午觉，晚上睡得最晚，早上起得最早，好像有永远也使不完的精力。

谢立惠有吃饭时看书看报的习惯。妻子总是默默坐在他的身边给他拣菜，看见碗里没菜了就往里拣，而他的眼睛始终不离开书报。有时，大家笑着问他："大哥，你知道你吃的是什么菜呀？什么味道呀？"他总是笑着回答："好吃，好吃。"

早在中央大学时，谢立惠就注意对弟弟妹妹的思想引导。

立毅30年代加入共青团，以后是上海至台湾海运航线的大副。上海解放时，他的船正在台湾不能回来，于是他与另一位同事靠一条小木船从台湾回到上海。

立文1935年考入中大农学院农业化学系，以后在重庆大学毕业，留在中大农业化学系任助教，后在工厂工作几年。1947年，他的老师带他接收台湾最大的制糖企业台南糖厂，任工程师、厂长。1949年大陆解放，因一家大小五六口人，没法返回大陆。1986年，他与谢立惠取得联系，并两次回大陆探亲。以后，他任管理全省糖生产的糖业公司的技术领导，一直到退休。

立和40年代初考入英国皇家海军学院。1944年，他参加了盟军诺曼底登陆，是中国少数几个参加欧洲反法西斯战争的功臣之一。

立珩早在20世纪30年代参加了地下党。

谢立惠重视家人的文化教育。20世纪40年代中后期，他到几所大学兼职，同时要负担4个儿女的学费和资助一个外侄女的部分学费。据谢慧琼回忆：

1988年4月与谢立惠分别40年的三弟谢立文与弟媳从台湾回来探亲，谢立惠与家人到成都机场迎接合影（前排左起谢颖红、三弟谢立文、谢立惠、三弟媳、谢立玙、李康珲、李利，后排左起谢云荪、李志谦、谢晓钟、王淑惠、李竟）。

我和妹妹上初中时，因为家庭经济困难，所以都在一所普通的学校就读，学校教育质量较差。父亲看到我们在这样的学校，受不到良好的教育，他说：我自己身为教授，教书育人，而我的孩子却受不到良好的教育，这样不行，我勒紧裤带，也要使他们受到好的教育，把他们培养成为有用的人才。当时南开中学是陪都重庆教学质量、条件最好的学校，但它是私立学校，学费也很贵，父亲为了培养我们，初二我们就都进入了南开中学，在这儿我们如鱼得水，受到最好的教育，这给我们以后的人生和事业，打下了扎实的基础。

尽管工作忙，谢立惠对孩子进行辅导却从来不吝惜时间。

据谢慧瑗回忆，在父亲的影响下，她中学就喜欢数、理、化。假期，她经常在父亲的书架上翻找中学几何、代数难题几百例及物理题等，自己想着做，实在想不出就问父亲。谢立惠从不直接告诉答案，而是进行引导启发后，让她自己思考解决。当她做出来告诉父亲时，谢立惠又要她进一步想，看还有没有别的方法来解决。她回忆：

在重庆炎热的夏天，父亲有时也会在晚饭后和我们一起乘凉或散步。这时他会对着天空给我们讲天文知识，或者讲历史故事，或者提一些智力测验方面的问题，或者提出很多物理现象让大家思考、解释。有时父亲提出一些问题让一起乘凉的姑姑、姨姨们回答，因为她们多数也是学物理的。最后父亲再慢慢给我们讲，再扩展提出新的问题问大家。

据谢云荪回忆：

1955年我从重庆南开中学高中毕业，考大学填志愿时，不少同学纷纷报考理工学院或医学院。由于我在初中时担任过少先队大队长，在高中时担任过初中少先队的辅导员，对学生工作和教师职业产生了一种特殊的感情，立志当一名数学教师。填志愿时，我仍有些犹豫，我将报考师范的想法给父亲说了以后，他非常支持我，他说："当教师好！今后国家需要人民教师。"就这样，我将师范作为我的第一志愿，考上了师范学院，成为一名光荣的人民教师。

由于谢立惠以身作则，率先垂范，对这个大家庭的每个成员影响都非常大，以至于这个大家庭有三个明显的特点：

一是参加革命和加入中国共产党的多。有18人加入中国共产党，其中有 5 人是早期的中共地下党，6 人是新中国成立初期加入的中国共产党。谢立惠的 4 个子女在大学时期均加入中国共产党。

二是学数理的多。有 14 人学数理，其中学物理的 10 人，学数学的 4 人。

三是任教师工作的多。有 19 人担任教师工作，其中大学教师 13 人，中学教师 3 人，小学教师 3 人。

由此可见，谢立惠是这个大家庭在思想上、学术上当之无愧的榜样和引路人，他的妻子朱传芳在生活上以自己最大的努力照顾了一家老小，是大家敬重的大嫂与母亲。他们宽容豁达，深深影响了这个团结和睦的大家庭。

第五节　坦然人生的唯物主义者

1983 年，退居二线的谢立惠把更多的精力都放在九三学社、科协、物理学会等方面，发挥余热，自我加压。作为科学工作者，他对“老之已至”一向非常坦然。

年老了，为党工作的日子少了，要用有生之年，为人民多做些工作。暮年的谢立惠没有消极、哀叹，他对工作、对生活依然充满热情。他说：

> 我老了，像蜡烛一样，燃在底座上了。但这时

的烛光有时也是很亮的。我过去看到许多老同志到了这个年龄，总喜欢讲年轻时的功绩，我对此不以为然。我认为，个人的生命是有限的，党的事业是无限的。我要趁着还能动弹的时候，多干点实事。

1984 年，谢立惠曾回忆：

我在新中国成立前 20 年，一方面搞革命工作，一方面刻苦钻研业务，不断提高科学水平，以适应革命工作的需要。所以，过去 20 年每天的工作时间，经常在 12 小时以上。我整年不看电影，假期亦做工作，很少休息。我这习惯一直维持到新中国成立后，我现在虽然已 77 岁，我每周工作时间，大概不少于 50 小时。

1982 年 11 月，他在一份手稿上写道：

孔老夫子曾说过，“不知老之将至”，我现在不是“将至”问题，而是“已至”问题。年过古稀，当然不会是不知老之已至，自然的客观规律，哪里能违背。但要与衰老做斗争，与衰老抢时间，在假日以及其他应当休息的时间，多为党和人民做一些工作，努力做到身体老，精神不老、思想不老。

谢立惠认为，能为人民做一些事情是享受，有一种愉快的心情，有时比吃甜东西还愉快些（他喜食甜食），也就忘记了“老之已至”，这也是与衰老做斗争。

谢立惠有非常深厚的文学功底，他长期担任领导职务，所有讲话，包括传达全国人大、政协会议，以及其他会议精神报告，都是亲自动手写提纲、形成材料。1981 年底，他给自己定下计划：

> 1982 年就要到来了，我准备做些什么呢？我准备写一些关于回忆录方面的资料：（1）关于 60 年来我所经历的我国教育的变革和发展的回忆点滴，一方面写些零碎的史料，一方面还准备对这些变革和发展的效果，根据我现在的看法，做些零碎的评议，总结一些经验教训，当然这些看法不一定对，但亦可能起一些作用；（2）我是九三学社的发起人之一，在我社的发起人中，我是比较年轻的一个，我准备就我所知道的所经历的写一些回忆，亦可能对于我们九三学社社史的编写有一些帮助。

按照这一计划，他倾注心血，先后撰写了关于提高高等教育质量、深化高等教育改革的论文。如：

•《打好基础，培养高水平的电子科技人才》（《电子科学技术》1979,6）；

•《高等科技院校设置重点专业问题》（《人民教育》

1981,4）；

•《努力提高教育质量，积极发展电化教学》（《中国电子学会1982年会论文集》）；

•《加强高等教育研究，探索教育规律，提高高等教育质量》（《电子高教研究》1982,1）；

•《要充分认识继续教育的重要性》（《大自然探索》1983,4）；

•《对高等学校教师工作量问题的商榷》（《电子高教研究》1984,2）；

•《高等学校当前应积极搞好教学改革》（《电子高等教育》1985,1）；

•《关于工科高等教育改革的建议》（《教学研究》1985,2）。

他还撰写了大量的革命回忆录，极大地丰富了中国共产党领导的统一战线历史资料文库。如：

•《中国科协史上值得回忆的一页》（《中国科协通讯》1981,51）；

•《我在合肥做党的工作的回忆》（《合肥革命史资料研究》1983,4）；

•《新华日报与自然科学座谈会》（《新华日报的回忆（续集）》1983）；

•《九三学社的成长和战斗历程》（《四川统战工作史

料》1985,3)；

•《中国科学工科者协会的建立和发展》(《中国科学家回忆录》1988)；

•《抗战期中的重庆“自然科学座谈会”及其演进》(《南方局党史资料(文化工作)》1990)；

•《从科学座谈会到九三学社》(《抗日民族统一战线在西南》1990)；

•《回忆在重庆大学任教时期的活动片断》(《重庆大学校史研究资料》1990,1)。

1987年1月，谢立惠回顾了自己的人生经历，认为：

> 100多年来，我国许多志士仁人前赴后继，也曾探索过“全盘西化”的道路，但是都失败了。孙中山先生搞了40多年资产阶级革命，也没有成功，他得出的教训是要“联俄、联共、扶助农工”。帝国主义并不想帮助中国，并不希望我们富强。八年抗战，日本帝国主义就是要灭亡和吞并中国，让中国人做它的奴隶，当亡国奴。美帝国主义帮助蒋介石国民党政权发动内战，也只是为了想占有中国广大的市场，再就是扩大反共阵线，让中国成为它的棋子。后来又发动侵略朝鲜、越南的战争，其本意还是为

了压制中国。我们这一代专家、教授、高级知识分子、民主党派人士，过去也搞过“科学救国”、“教育救国”，但这些路都走不通。唯一的道路还是社会主义，只有共产党才能救中国，我们绝不能离开四项基本原则，因为这是千百万爱国者经过多少年的奋斗，付出了许多人的鲜血得出的经验教训。

1987年8月，谢立惠的二弟立毅因病去世；10月，与他相濡以沫56年的妻子朱传芳因病去世（时年78岁）；1988年3月，他的小儿子坪生因医疗事故不幸去世（时年47岁）。三位至亲的相继离去，极大地影响了他的身心健康。以后，他患了帕金森氏综合征，以致行走困难，健康状况日趋恶化。

1997年7月22日20时50分，中国共产党的优秀党员，九三学社发起人之一，中国科学工作者协会创始人之一，物理学家、教育家、社会活动家，第一至第三届全国人大代表、第五至第七届全国政协常委，九三学社第一第二届中央理事会理事、第三第四届中央委员、第五至第七届中央常委、中央参议委员会副主任，第三届四川省委名誉副主委，中国科协常委、四川省科协名誉主席谢立惠教授，因病医治无效，在成都逝世，享年90岁。

附录一

关于改革现行“高等学校教师工作量试行办法”的建议

谢立惠

一

我对于教育部制定的高等学校教师工作量试行办法（以下简称“试行办法”）（1981 年 4 月 20 日发出）的意见：

在 1981 年四川省高等院校校长工作会议上，我就写了一篇文章，《关于高等学校教师工作量问题的建议》，对于试行办法有不同的意见，我现在写的这个建议，就是在上一篇文章的基础上修改的。

我对 1981 年教育部制定的“试行办法”的意见，主要对计算教师教学工作量的意见，我感到是不大合理的。

1. 教师是脑力劳动者，教师的教学工作基本上是个体劳动。

脑力劳动是不容易用时间来衡量效果的，亦不能找出一种“卡尺”或“天平”来立刻测出教学成效的。教学的成效，培养人才的高低，要多少年后才能看出来的。

衡量脑力劳动工作所需的时间是很难的。例如讲课的时间是容易统计的，但是备课的时数，就很难统计了。教师备课的时数，不仅与教师的学术水平高低有关，还与教师的教学态度、教学经验、教学方法等有密切的关系，不容易以时间多少来统计备课时数，勉强地计算是不科学的。

2. 考核教师工作的数量部分，宜粗不宜细，而“试行办法”中计算教师工作量太繁琐了。

教一门课程的讲课、备课、批改作业、改考试卷子、辅导答疑等，都分别地估计时间。我们找裁缝工人做一件衣服，只是算包做这件衣服需要多少工钱。我们是否要同裁缝工人细算做这件衣服的衣身多少钱、衣袖多少钱、衣领多少钱、衣包多少钱。这样合理吗？实际上不会这样做的。“试行办法”不是统计教师应承包的教学总任务，而是像前说的和裁缝算细账，这合理吗？

亦可能说，教学工作量算细些，就能更科学地考核。根据统计规律，多个不准确数字加起来，准确度可能更低。

3. 考核教师教学工作的办法，是要鼓励竞争。

相同职称的教师的教学水平，是有差异的。水平差些的教师，备课时间是要多些的。我们应该鼓励水平低些的教师加倍努力，少休息些，用更多的时间学习，赶上教学水平高的教师。我们要鼓励教师们竞争。每个学生的程度是不会一样的，但学习的课程内容是同样的，这就要求学生差些的要多用些时间学习，而不是迁就他们，允许他们少学些课程。而在“试行办法”中，却对教同样课程的教师，用不同的加权系数，使教学水平低些的教师多算些工作量，少担任些教学工作，这不是鼓励竞争，是保护落后。

4. “试行办法”不利于教学方法的改革。

为着重提高教学质量，更好地培养学生独立自学、独立创新、独立分析问题的能力，教学方法应该改革，废除灌输式，提倡启发式。这个改革，就需要减少讲课学时，增加学生自学时间。但是，用启发式教学，教师备课的时间要大为增加，这就造成改革教学方法后，照“试行办法”计算，教师实际用在教学的时间增加了。而他所得的教学工作量减少了，这就不利于提高教师改革教学方法的积极性。

5. 在“试行办法”中，还有一个更大的问题，着重从数量上考核，计算教师的教学工作量，而未重视教学质量的考核。

二

教师工作考核规程的初步设想：

一个教师，从教学上，要考核他的劳动成果，包括数量和质量，确实很不容易的。要定一个精确的考核办法，是难以做到的，用“计时”的方法是不适宜的。

在高等学校里，对教师工作需要制定一个合理的考核规程，破除吃“大锅饭”，鼓舞和奖励积极进行教学改革的；完成教学任务优秀的；勇于承担超额任务的；按计划完成科研任务良好的，或有特殊成就的；以贯彻按劳分配、多劳多得的原则。但这个考核规程必须是科学的适用于脑力劳动者的。我提出一些不成熟的意见，以抛砖引玉。

（一）教师工作考核的原则

1. 高等学校为着培养高级优秀人才，教师应该是既搞教学，又搞科研。这两方面的性质不一样，必须分别制定考核规程。

2. 考核规程必须包括数量与质量的考核。

3. 考核办法不宜繁琐，宜粗不宜细，特别是在数量上不要斤斤计较。

4. 考核规程中，应该鼓励竞争。

5. 考核办法，“计时”的办法是不适合的，要用“承包任务责任制”，考核完成任务的情况。

6. 考核后的奖励办法可发荣誉奖状和奖金，奖励应分等级。

（二）教师教学工作考核规程的初步设想

1. 教师应承包的教学任务：

如学校已实行学分制，一般应承担6至8个学分的本科生的教学任务，4至6个学分研究生的教学任务。大部分教师应该既担任教学工作，又担任科学研究工作。同时，担任教学、科研者，应适当减少教学任务。

编写教材、建立实验室等，可以参照科学研究工作承包考核。

指导硕士研究生毕业论文与指导博士研究生，应与科研任务结合起来。

2. 教学任务的奖励种类：

①教学质量优秀奖：教学态度认真负责，教书育人。教学中注意因材施教，培养能力，不照本宣科。

②教学方法积极改革奖：积极改革教学方法，特别注意培养能力，而在改革中有一定成就的。

③实验改革奖：积极改革实验，开创新实验室。

④优秀教材奖：教材已在出版社出版，并经使用者评价为优秀教材。

⑤超额工作奖：教师超过已承包的教学任务，而教学效果良好的。

每种奖可分为一、二、三等，受奖的一般不超过担任教学人员的30%，授一等奖的应该是极少数。教师同时获得两个单项一等奖或连获三次一等奖的可授予优秀教师的荣誉称号，对优秀教师的提升学衔、工资晋级与生活待遇等，应有特殊考虑。

（三）教师科研工作应采取承包科研项目（或课题）责任制

这可以集体承包。完成了科研项目或阶段完成了科研任务，才评议奖励。评议奖励的内容包括：科研成果的创造性：经济效益、科学技术水平是否按计划完成任务等。要鼓励科研面向经济，鼓励科研成果能迅速地运用于生产。

科研奖可分为一、二、三等。得一等奖的应是极少数。受国家中央或省鉴定评议，授予较高奖金，学院不再评给奖励，但授予荣誉奖状。科研成果获国家一、二等奖的亦应授予优秀教师的光荣称号。

高等学校教师吃“大锅饭”的情况必须改变，应该合理地实现各尽所能、按劳分配、多劳多得、优劳优得的原则。所以，第一步对教师工作建立考核制度，奖优罚劣、奖勤罚懒，使勤奋者得到鼓舞和奖励，不努力者受到应有的鞭策。这种考核制度是对教师建立的基本管理制度，亦是高等学校最重要的一项管理制度的改革。第二步是要达到这个目的，这种考核制度要科学地合理适用于教师脑力劳动的特点，才能更好地发挥教师的社会主义积极性，为多出人才、快出人才、出好人才做出更大的贡献。

附录二

关于教育改革的问题

——在四川省政协第五届第三次大会上的发言

谢立惠

1985年5月11日

我现在就教育改革的几个问题谈点意见：

（一）教育改革的根本目的，在于多出人才，出好人才。小学和初级中学是属于基础教育，基础教育就是为着出好人才打下基础。

现在中小学教育问题还不少。毛泽东同志过去就指出“要各校注意健康第一，学习第二”，这是非常正确的。但是现在中小学教育正是在这方面有很大的问题。从小学高年级起，就学习负担过重，玩要的时间少，很少有时间搞体育锻炼。到初中时，负担就更重，课外作业很重，学生带回家，有时忙到晚上九、十点钟还完不成作业，体育锻炼几乎都挤掉了，睡眠八小时有时还得不到保证。这是对少年的摧残，这能怪学校老师吗？不，学生家长亦不得不欢迎老师这样压学生，这是我国过去教育结构不合理造成的恶果。单一的教育结构，小学升中学，中学升大学，大学毕业就有了职业，只有走这一条独路。过去只有百分之几能升大学，升大学难，其余的就是“待业”青年。这是极其激烈的竞争。初中学生毕业后考不取重点高中，升大学的希望就少。所以初中学生就这样受到沉重的压力。我感到这是中小学教育中目前最严重的问题。

大力发展中等职业技术教育，不仅是解决升大学难，及中小学学生学习负担过重的问题，而更重要的是培养大量的中级技术人才。社会主义现代化建设不仅需要高级科学技术专家，而且需要数量大三至五倍的中级技术人才。以工科而论，建国以来，我国培养的高级科学技术人才有一百多万人，而中级技术人才只不过二百万人左右，数字相差不大，在“文化大革命”中，工科中专校差不多都取消了。现在工厂中，许多大学毕业生还只做技术员工作，这是人才浪费，是必须改变的。

（二）在高等教育方面，我现在比较熟悉的是高等工程教育，所以我着重谈高等工程教育问题。高等工程教育的目的就是培养高级工程科学技术人才，要他们把科学技术转化为现代化工业新产品。产品竞争靠技术，技术竞争靠人才，人才培养靠教育。从科学技术转化为现代化工业新品，是要经过长期的科学研究和研制过程。这些过程一般是：（1）科学工作者探索新科学理论，经过理论性研究，实验验证，而得到理论成果。（2）工程师们应用这些理论成果，推广到工业生产上，更新老产品或开发新产品，经过研究，制成新产品的性能样品（试验样品）。（3）最后根据生产技术的要求，工艺的要求等，研究制成适于生产用的生产样品。这些过程就是应用基础研究、应用研究、开发研究、生产技术的研究（或叫研制）。基础理论研究主要是理科方面的任务。这种长期科学研究过程，划分阶段的界限不是那么明显的。一般是前阶段理论水平要求比较高些，后阶段实践能力要求比较强些。这种长期的科学研究过程，很难一个人能完成这整个阶段的任务。所以要分工，所以高等教育培养人才就有分层的必要，即大学专科生、本科生、研究生。下面我再谈分层次中两个重要问题：

1. 大学专科生、本科生、研究生都是独立的教育阶段，各有独立的培养目标和培养要求。以本科生与大学专科生而论，在企业使用中都有不同的要求和任务。在生产单位里需要的两种类型的技术人员，缺一种都不行。一种是能做应用研究、开发研究等的工程师，这就是本科生的任务。一种是实践型高级技术人员，实践能力比较强，能搞出生产样机，并且能够处理生产现场中出现的问题，这就是大专生的任务。大专生的任务就好像医院的临床医生一样。

根据培养目标的不同，本科生学制可四至五年，大专生学制可二至三年。大专生不是本科生的缩影，不是本科生的预备班。所以大专生的教学计划中课程的安排，不能照搬本科生的课程而把它压缩，要特别注意加强培养大专生的实践能力。大专生的专业可以窄些，对工厂针对性应该强些。

2. 大学本科生是独立的教育阶段，不是研究生的预备阶段。本科生、硕士研究生、博士研究生都是水平不同、要求不同的“成品”。工科大学本科生的培养目标应该是工程师的“成品”而不是“半成品”，不是“毛坯”。当然工科大学毕业生亦要经过短时期实践的锻炼，才能成为工程师。研究生、本科生是高低级不同的成品，犹如弹簧床、棕床、木板床，都是能睡的床，都是成品。

美国工科高等学校本科生，实际上是研究生预备阶段，美国高等学校四年制本科生，专业设置很宽，课程设置主要是基础理论课和专业基础课。专业知识不够，使本科生毕业后，只能是“半成品”。必须经过至少硕士研究生的教育，才能成为有独立研究、设计能力的成品，而适应企业工作的要求。美国工科本科生约有二分之一是要转行工作的。从培养工程技术人员角度看，就有一半是“次品”或“废品”，这种淘汰率是太大了。我国现在经济上还穷，需要人才多，我国教育制度不能照美国那样，要走中国自己的道路，本科生就要培养成为合格能用的人才。

（三）教育体制改革应当明确，只能把高等学校办成教学中心、科研中心，而绝不应当搞所谓经济中心。教育改革的根本目的是多出人才，出好人才。高等学校办成教学中心、科研中心，就是为着出高质量的人才。如果搞什么经济中心，把领导和教师的部分力量吸引到赚钱上去，那必然削弱教育质量，亦即要降低培养人才的质量。智力投资不能从短时间的经济效益看，要有远大的眼光。搞经济中心在当时可能赚几十万元、几百万元。但降低了培养人才的质量，将来的经济损失是难以估计的。因为培养一个很高水平的科技专家，他将来对国家的贡献，就可能不只几十万元、几百万元。美国许多大公司经常要他们的工程师脱产继续学习，公司不只照发工资，还要代交学费。因为现在那些大资本家的文化科学水平是比较高的，他们认为智力投资是“一本万利”，所以肯花钱。

现在许多高等学校和中学都在搞“创造收入”，把许多精力花到赚钱上，这必然要影响教育质量。这在许多学校的领导亦有不得已的苦衷。赵总理在今年六届三次人大的报告中，就说“去年全国城镇居民家庭平均每人可用于生活费的收入达到608元”。但在高等学校看，许多中年讲师是教学、科研的重要力量，他们的家庭平均收入还达不到这个水平，以致学校领导和教师不得不花一定的力量来搞“创造收入”。希望在今年工资改革中适当地解决这个问题，使学校领导和教师能用全力提高教育质量，以便多出人才，出好人才。

附录三

九三学社永远是党的统战阵营内一支坚强的战斗队伍

谢立惠

从九三学社成立，到今年九月三日已四十年了。回顾这四十年走过的道路，令我感触特深的，是党的统一战线政策的正确与英明。九三学社在中国的民主革命、社会主义革命和社会主义建设事业中，一直是党领导下统一战线阵营中一支坚强的战斗队伍。我们九三学社四十年战斗的历史是光荣的。

一、统一战线不仅是我国民主革命时期的法宝，亦是我国社会主义革命和建设时期的一大法宝

中国的革命和建设，都需要一个由中国共产党领导的最广泛的统一战线。无论解放前后，统一战线都是威力无穷的法宝，什么时候，我们党领导的统一战线得到巩固和加强，我们的革命事业就胜利，就发展；什么时

候，我们党领导的统一战线遭到破坏或削弱，我们的革命事业就受挫折。这是历史已经充分证明了的一个结论。

但是，不同的革命阶段，统一战线直接目的、任务和阵营是不同的。它随着斗争形势的发展而变化。在变化中，中国共产党是正确运用统一战线这一法宝引导各民主党派前进的指路人。我们九三学社从最初建立到今天成为党领导的多党派合作中一员的历史，可以是最好的说明。

九三学社的前身是民主科学座谈会与自然科学座谈会。这两个座谈会都在党的关怀和推动下建立起来，成为九三开创时期的两支基本力量。它们在争取抗日战争胜利的旗帜下，继承五四运动的革命传统，在反对蒋政权分裂、倒退、妥协、投降的斗争中，发挥了应有的作用，是党的抗日民族统一战线中坚实可靠的力量。

抗战胜利时，根据毛泽东同志和周恩来同志把科学教育界人士团结起来、组织起来的提示，九三学社正式建立，以政治性学术团体，坚持反对国民党反动派投靠美帝、发动内战的倒行逆施，积极开展争取和平、民主的斗争，为推翻蒋介石反动统治做出自己的贡献。

全国解放后，一些同志认为搞建设不需要统一战线了，建议民主党派自行解散。我社也有些同志认为，九三学社已经完成它在民主革命中的历史使命，可以解散。我当时也有这种不正确的认识，认为统一战线是为着对敌斗争的，解放后，民主党派亦就不需要了。毛主席通过周恩来同志及时传达意见，阐明了民主党派在新中国成立后的地位和作用，指出九三学社不但不能解散，而且还要继续发展。从此，我国各民主党派按照组织发展的协议，各自分工，发展和壮大了社会主义时期的统一战线，为我国社会主义革命和社会主义建设事业的推进，起了党的助手作用。

1957年以后，由于“左”的错误，特别是林彪、江青反革命集团的破坏，党的统一战线横遭摧残，民主党派遭受到沉重打击。但是党的十一届三中全会以后，党在统一战线工作上拨乱反正，逐步清除“文化大革命”和它以前的“左”倾错误，摒弃了“以阶级斗争为纲”的指导思想，支持和帮助民主党派把工作重点转移到为社会主义现代化建设服务的轨道上来，党的统一战线进入了一个新的历史发展阶段，具有更为广泛的政治基础。我们九三学社也在恢复组织活动后，一方面加强党派自身建设，一方面推动成员做好岗位工作，并面向社会，为四化服务，在新时期爱国统一战线和党领导的多党派通力合作体制中竭尽自己的力量。

综上所述，从我社四十年的演变发展，可以清楚地看见，我们每前进一步，都是在党的直接领导与关怀下进行，也都是党的统一战线政策的结果。

如同党的统一战线有过波澜起伏一样，我社也经历了一个曲折发展的过程。我自己也在其中历经锻炼，深受教育。我于解放前从埋头于“科学救国”到全力投入民主革命斗争的洪流；又于解放后从不知道搞建设还要统一战线，到热心民主党派活动，成为党的统一战线中一名积极战士，都离不开党的教导。是党为我们指明了方向，我们才有明确奋斗的目标。前不久，我参观了一次龙舟竞赛。龙舟上有一个“喊号子”的和一个掌舵的，有四五十个划船手，听他的统一号令，统一划动，就能划行得很快。我深切感到，我们国家兴旺发达，全靠党稳稳地掌舵，而我们就像龙船的划手，必须在党的统一的号令下，步调一致，齐心协力，共同努力，才能取得更大的胜利。

二、保持我社在统一战线中光荣战斗的本色，为振兴中华继续奋斗

四十年来，我社在党的领导下，作为统一战线阵营的一员，不仅在战斗中受到锻炼，而且逐步发展壮大，成为党亲密的战友，为中国革命和建设事业，做出了一定贡献。我们九三学社的同志，无不引以为荣。但是，我们绝不能因此自满。应当知道，在伟大改革的时代，我们还任重道远。今后，我们要保持在统一战线中光荣

战斗的本色，继续奋斗，为中华腾飞，做更大的贡献。

当前，我国人民最大的政治是实现四个现代化。统一战线服从于和服务于四个现代化的思想，已经在党内外逐渐牢固地树立起来。各民主党派通过近几年的工作，已经开创出许多为四化服务的新路子，发挥出越来越大的积极作用。九三学社也在开展各种形式的科技咨询服务，在办学、专业培训、支边支农和改革、开放中，做出了可喜的成绩。四个现代化，科学技术的现代化是关键，教育是基础。我们九三学社社员，在科技和教育界，人才荟萃，对实现我国社会主义现代化建设的宏伟目标，有义不容辞的责任。我们应当根据自身的优势，进一步参加各种为革命建设服务的具体实践，为振兴中华，继续贡献我们的力量和智慧，充分发挥我社在统一战线中应有的作用，以巩固和加强中国共产党领导的多党派合作的基础。这样，我们才无愧于四十年来在统一战线阵营中光荣战斗的历史！

附录四

打好基础，培养高水平的电子科学技术人才

谢立惠

实现四个现代化，关键是科学技术现代化，而科学技术人才的培养，基础在教育。对于培养高水平的科学技术人才，全日制高等学校担负的任务特别大。像我们搞电子类专业的全日制高等工业学校办得好不好，就会相当大地影响我国电子科学技术发展的快慢。学校办得好不好，要看出人才出成果的质量和数量。

提高教育质量，是我们办好高等学校的关键。根深才能叶茂，源远才能流长。万丈高楼平地起，只有打好房基，才能砌好高楼。要提高教育质量，最重要的是打好基础。我们高等学校的教师，对学生来说，应该是上山的指路人。作为指路人，指引上山者如何爬山，如何找路，如何开辟新路，带上山者走一段路等都是必要的，

但不是上山者的保镖或抬轿人。高等学校教师的任务，主要是培养学生对某一专业有独立自学、独立钻研的能力，能随着学科的发展而继续学习，有逐步地、独立地进行科学研究和设计的理论基础和实验技能，有分析问题、解决问题的能力。也就是说，要使学生有长远的“后劲”。我们培养学生，一定要从十年后电子科学技术、电子工业的长远发展考虑，而不能只看到眼前的需要。

从哪些方面打好基础，怎样打好基础，根据我从事教育工作近50年的经验，我认为：

一、学好基础理论。我们现在课程体系是公共基础课、专业基础课、专业课，这三段课程，时间的安排，应该是宝塔形的。首先要学好数学、物理、化学等公共基础课。学习这些课程最要紧的是要把那些科学规律、定理、公式等搞清楚，我们不能只是死记这些东西，而要把他们的物理概念和这些规律是怎样形成的，在什么条件下适用都要搞明白。还要通过多学习勤学苦练来锻炼思考问题、分析问题的能力，同时亦巩固了所学的理论知识。

教师教这些基础课程，不仅是给学生掌握一些科学理论知识，还要教学生学习的方法，引导学生如何思考问题、如何分析问题，这样来培养学生自学的能力及分析问题、解决问题的能力。这是最重要的基础锻炼。不仅是公共基础课，所有课程都要注意这些方面的培养。

随着电子科学技术的高速度发展，过去的数学、物理、化学等课程的内容，要注意适当的更新。例如普通物理内容应该增加一些统计物理学、量子物理学。我看到美国著名理工科大学的物理内容，一般都包括统计物理学和量子物理学。高等数学内容亦应适当的更新。普通化学不是可学可不学的基础课程，而是必须学的课程。

我这里特别强调要学好公共基础课，并不是对专业课不重视，认为专业课可以不学。打好房基，正是为着更好地盖好高楼大厦。学好数学、物理、化学、外语等，正是为着更好地学习专业基础课和专业课。

二、学好科学实验基本技能。实践是检验真理的唯一标准。科学实验是科学理论的源泉，科学实验推动了科学理论的发展，科学实验又是检验科学理论是否正确的唯一标准。

实验课是培养学生向科学进军的必不可少的训练。基础课的实验课，是对学生实验技能的基本训练。逐步训练学生使用较复杂的测量仪器，了解较复杂的测量技术，分析、处理所得的实验结果，包括误差运算。

在高等工业学校整个学习过程中，都要重视实验技术的锻炼，这种锻炼是逐步地由简到繁，由低级到高级，由教师的直接帮助到学生的自己设计。通过实验亦加深了学生对科学理论的理解，并且逐步使学生牢固地树立实验是检验真理的唯一标准的科学思想。

三、掌握一门以上的外语。我们要反对夜郎自大，故步自封，闭关自守，我们要向外国学习，不断学习外国先进的科学技术，不断引进外国的机器设备，这是加速我国四个现代化的必要的正确措施。我们要向外国学习，外语就是必不可少的工具。

一个科技工作者如果不懂外语，不能直接阅读外文资料，那就不能直接地很快地吸取国外先进科学技术知识，亦就跟不上外国科学技术的发展，在科学研究上赶超国际先进水平就不可能。

高等工业学校的毕业生，至少要掌握一门外语。今后要逐步提高要求，第一外语应该在中学里学好，到大学就学习第二外语。

四、要重视体育锻炼。青年们要向科学技术进军，要在实现四个现代化的新长征中做出贡献，任务是艰巨的，没有健康的身体，充沛的精力，是不能担当这艰巨的任务的。就是现在在高等学校里学习，过去因受林彪、“四人帮”的毒害，中小学的基础不大好，现在学生学习积极性很高，多数学生感到学习任务繁重，没有时间进行体育锻炼，有些学生入学后健康已在下降，这是我们高等学校应该非常注意的事。学校领导应该重视学生的体育锻炼，关心学生的身心健康，采取措施，使青年们能德、智、体全面发展。

五、加强政治思想工作。使青年们有为实现四个现代化多做贡献的健康思想和作风。主要从以下三个方面着手：

1．教育青年们树雄心、立斗志，有远大的理想，崇高的抱负。使青年们立攀登科学技术高峰的大志，树做第一、二流科学家的雄心。

2．不断进行群众观点、集体主义教育，正确认识个人与集体的关系。教育青年要顾大体、识大局，要讲团结，要谦虚谨慎。

3．培养学生具有实事求是、严肃、严密、严格的科学作风和对具体问题进行具体分析的科学方法。

附录五

要充分认识继续教育的重要性

谢立惠

1983年1月12日至2月10日，中国电子学会应美国电子电气工程学会（简称IEEE）的邀请，组织了教育考察团，由我任团长，一行9人，赴美考察工程技术人员的在职教育问题。参观访问了纽约、波士顿、华盛顿、达拉斯、洛杉矶、旧金山等10个城市的13个高等学校及6个大公司（大工厂）、实验室（科研机关）；受到IEEE总部及其各地分部热诚接待和座谈。

工程技术人员的在职教育，在美国一般叫继续教育（continuing education）。我们此行所了解的美国继续教育的对象，主要是高等学校毕业的在职科技人员。

在这次访问考察中，使我感受很深的是不论是美国的公司、科研机关还是高等学校、学会（如IEEE），都非常重视继续教育。工厂、研究机关认为，对在职科技人员进行继续教育，是关系到他们能否发展和生存的大问题。第一、二流的高等学校认为，要使他们的老师不断学习，不断前进，才能保持站在国际科学技术前沿的第一、二流大学的声誉，同时亦把帮助工厂进行继续教育，作为高等学校不可忽视的一项任务。学会如IEEE的总部和各地分部都支持和帮助会员搞继续教育工作；并且IEEE还可帮助高等学校和工厂搞继续教育的规划工作，在促使他们密切配合和协作上起到桥梁作用。IEEE在美国电子科技界，是有相当权威的。其他大的学会亦如此。

一、美国的公司（工厂）、学校、科研机关（实验室）是怎样大力抓继续教育的

1. 美国继续教育的组织和形式

美国约有250所较强的工学院（属于大学的一部分或独立的），其中有75所搞了对外继续教育方面的工作。规模大的大学，诸多都搞了对外继续教育的工作。

在美国高等学校里，有各种不同类型、不同名称进行继续教育的组织。例如加州大学洛杉矶分校和伯克利分校的扩展教育，就是继续教育。斯坦福大学内有继续教育协会（Association for Continuing Education，简称ACE），是由公司和政府机关资助的，其继续教育的规模很大。在亚利桑那（Arizona）大学有所谓“小校园”

（Microcampus）组织，制作和出售录像磁带，使美国各地许多人接受亚利桑那大学继续教育而不用进入他们的校园。麻省理工学院成立了高级工程学系中心，管理继续教育工作。

1974 年至 1976 年间，有 12 所大学研究决定成立“工程师继续教育基础工具协会”（Association for Media-Based Continuing Education for Engineers，简称 AMCEE）。该联合组织成立时，由美国通用汽车公司资助，是一个非营利性的机构。现 AMCEE 已有 21 所大学参加，麻省理工学院、斯坦福大学、伊利诺大学、南卡罗来纳大学等都是 AMCEE 组织的成员。其任务是：

（1）帮助协会成员制作、生产高质量的录像教学节目，为他们提供技术和资金条件。

（2）负责将协会成员制作的录像磁带向外发行。

不少美国的大公司、实验室（科研机构）自己建有继续教育机构。例如贝尔实验室有技术人员 2 万人，每年约有 5000 人参加不同方式的继续教育，他们有专管继续教育的机构。HP（Heulett-Packard）仪器公司由训练中心专管继续教育。美国无线电公司由公共工程教育组织专管继续教育。德克萨斯仪器公司的培训和教育系统利用外来的教材，可开出约 1000 种课程。王安公司有王安学院，一方面是培养新的软件工程人员，但入学前要先在别的大学计算机软件专业学习两年以上；另一方面是负担公司里科技人员继续教育的任务。

2. 美国进行继续教育的目的和方式

美国继续教育的目的，总的说来，不是复习大学所学过的课程，而是防止科技人员知识老化，使他们的科技知识不断更新，能随着科学技术的发展而不断前进。

继续教育的方式是多种多样的，往往根据目的和条件的不同，采取有针对性的方式。

（1）专题讲座。这是为着扩大科学知识面或了解科技发展新动向，可在工作时间讲几个钟点，并提供书面资料。

（2）业余学习。每周一两个晚上，学习一门课程，持续学习 15 周至 16 周（即一个学期）。一般是大学里新开的基础性课程，有教师指导。

（3）专业性短期培训班。用几天以至两三周时间讲一门课程，一天可讲四五个小时或更长一点。这是高强度的灌输传授，当时不可能完全消化。就像牛吃草一样，以后再作“反刍”式的复习消化。短期学习班里，要有一套书面教学资料，包括教学辅助参考资料、习题集及解答、实验指导书等，帮助学生复习消化。许多单位规定学习完后要考试。

如果是大学讲授的课程，各公司派的辅导教师，需经大学审查，认为合格才行。

这种专门性短期训练班，在继续教育中，是应用最多的方式，包括有多种的目的性。例如有些短期课程是实用性很强的新工艺课程，学了就立即能应用；有些是某学科中的最新发展，使学习的人掌握更深的更高的科学技术知识；有些是最新学科，使学习的人做转行的准备；也有些人是为生计而学习必读课程。

（4）脱产到大学上研究生课以获得硕士或博士学位，培养较高级的科技人才或需要转行的科技人才。有些公司规定，到大学学习时，公司照发工资，并代交学费。但如学习不好，得不到学位，公司要在工资内扣回代交的学费。

（5）自学。公司鼓励自学，并供给书籍、录像磁带和实验设备。需要时可派人个别指导。

高级科技专家的继续学习，主要靠自学、参加科研和国内外的学术交流会议等。

以各种方式开的课程门数也很多。例如前面所讲的AMCEE组织在1980～1981年度制作的录像磁带课程就有450门。加州大学伯克利分校每年为各种方式的继续教育，提供1200门课程。这些课程专业范围很广，并适应不同的文化程度。

斯坦福大学继续教育协会的斯坦福教育电视网络

（简称 SITN），有 135 家公司参加。因在 SITN 学习，可得硕士或博士学位，不少公司以此作为宣传，表示他们的技术人员参加了 SITN 学习，知识没有老化，他们设计和生产的产品都是高质量的，先进的。

3. 美国进行继续教育的手段

美国大学和公司里进行继续教育，尽可能采用现代化的手段和设备，并且不断地更新。

（1）在 15 英里距离内，用微波传送电视节目，直播现场教学情况，或重放录像磁带。

（2）在各公司内设立的教学网点，通过开路电视接收电视节目，再采用闭路电视方法，将讲课节目传送到各个教室的各终端电视设备，学生在终端可与教师通话，提出和解答问题。

（3）在较远距离如 150 英里以内，则发行教学录像磁带传送教学电视节目。

各教学网点都有专人辅导，辅导人亦要经大学考核同意才行。经过考试证明，用这两种教学方式进行继续教育，和在校园内正规课堂教学效果差不多。

（4）在公司内部进行教育，即用闭路教育电视系统。

（5）需要在更大范围内传输教学电视节目时，可以租用卫星电视频道转发。

在这些教育过程中，大学和工厂必须都重视，密切协作配合，才能取得好的教学效果。

4. 美国鼓励和督促在职科技人员积极学习的措施和制度

（1）从经济上鼓励和支持继续学习。例如工程师脱产继续学习，公司不只照发工资，还要代交学费。公司里不断地采用现代化的设备和手段以支持科技人员的继续学习。现在那些大资本家的文化科学水平是比较高的，他们认为智力投资是“一本万利”，所以肯花钱。

（2）美国有不少州和公司规定工程师证书要定时更换，像 Lowa 州是一年一换。在新证书里要填上这一年或几年内学了些什么新课程。有些公司还规定五年内至少继续学习一次。

（3）此外，工程师如不继续学习，知识老化，不能设计新产品，就要被公司解雇，这也迫使美国的科技人员不能不继续学习。

二、美国为什么这样重视继续教育

美国人认为，进行继续教育，是使科技人员不断更新知识，防止知识老化，至少是推迟老化所必需的一种教育制度。美国教育家做了许多调查研究，在目前知识爆炸的飞跃发展时代，电子科技人员所掌握的专业科技知识老化很快。如果一个电子科技人员五年内没有继续学习，他原来所掌握的电子科技知识就会有一半老化而过时了。他们称五年是现在电子科技知识水平的半衰期。

还有一个统计：一个大学生或研究生，毕业后到工厂或其他单位工作，通过实践而使他的技术能力逐渐加强，7至10年将达到他技术能力发展的最高峰，但是如果不继续学习，以后技术能力将逐渐下降。如果不断地继续学习，高峰将能达到更高度，并可持续多年。

美国的大资本家都明白，他们之所以成为亿万富翁，是依靠美国站在世界前沿的科学技术，依靠美国掌握国际上最先进科学技术的专家（包括科学家和工程师）。美国政府也明白，他们国家之所以工农业生产和军备武器能有这样的优势，具备了敢于称霸全世界的物质力量，很大程度上就是依靠了那些掌握国际先进科学技术的庞大科技队伍。

老的工业经济，主要是依靠自然资源；现在高度技术的工业经济，有较高的科学技术水平的人力资源，却是主要的。据统计，美国近几年来工业生产率的增长，67%是由于先进科学技术的应用。由于60年代以后欧洲、日本科学技术和经济的大发展，使美国的国内和国际市场都面临外国竞争者，特别是日本的严重挑战。在访问美国的时候，看到大城市商店里，陈列的电子消费品如彩色电视机、收录机、收音机等，主要来自日本。日本引进了部分美国电子技术专利后，不仅消化了引进的技术，还在引进技术基础上进一步发展提高，超过了美国，所以产品能打入美国市场。因此美国每一个大公司，都要求他们的科技人员在职期间必须继续学习，不断掌握先进的科学技术，具有设计先进的新产品的能力，使公司的产品，在市场上保住销路，公司才能获得利润，才能从竞争中生存。

许多大学不仅重视对他们的教师进行继续教育，还要帮助其他单位科技人员继续学习。第一，是社会的需要，保证美国科技人才不落后，保证美国科学技术能站在国际的前沿。第二，维护学校的声誉，有些大学继续教育的对象，主要是他们的毕业生，这样能使他们经常在科技界有较高的地位。第三，大学办继续教育也是有利可图的，可增加一部分收入。

受继续教育的科技人员，一般都有高度的热情和自觉性。第一，像前面说过的，如果他知识老化了，就要被公司淘汰。第二，也有不少是有比较强的事业进取心的。

三、我们要充分认识继续教育的重要性

1. 从这次访问美国，进一步认识到我们党十一届三中全会以来一系列方针、政策、措施的正确性，要实现一系列的改革，要搞社会主义四个现代化建设，科学技术是关键，教育是基础。知识分子是工人阶级的一部分，是依靠力量。简单地说，我国要全面开创社会主义现代化建设新局面，必须充分重视科学技术，充分重视智力开发。

一靠政策，二靠科学，可以使农业生产和农村生活在四五年时间里就大变样。现在工业企业，也正在进行改革，第一是经济管理的发展，改善经营管理，要实现各种形式的经济责任制。第二是技术的改革，要推动技术进步，促进产品更新换代，不断生产出价廉、物美、适用的新产品。这就要求科技人员知识更新提高，有研究高质量新产品的能力，尤其是对工厂的科技人员进行有针对性的不同形式的继续教育，是当前迫切的重要任务。

2. 现在我们正在进行教育改革，应该把提高在职科技人员水平的继续教育放在重要的地位。我们必须比美国更重视继续教育。

美国从 60 年代后期起，在知识爆炸的科学技术飞跃时期，就开始重视科技人员的继续教育，防止知识老化。而我国在那时正是十年浩劫，“知识越多越反动”，“知识分子是臭老九”，致使大多数科技人员知识老化严重。我们现在必须大力搞继续教育，使科技人员较快地更新知识，摘除知识老化的帽子，不然有些科技人员就要变成废物。美国的继续教育是使科技人员吃补药，加营养，使他们更健康。我们要搞继续教育，是为被打成重伤的病人治病，使科技人员早日恢复健康，所以我国继续教育的任务更艰巨、更重要。据统计，我国工矿企业的技术人员平均只占职工人数的3%左右。其中技术要求较高的电子工业，全行业（包括地方电子工业）工程技术人员亦只占8.86%（1981年末统计）。我国农业技术人员就更少了，只占农村人口的万分之四。

由于我国科技人员不仅数量不够多，并且存在相当普遍的知识老化问题，所以我们今后要大力发展科学技术教育，必须三方面并重。

第一，要多方面开展科技普及教育以适应广大工人、农民的学习需要，这是非常繁重的任务。

第二，要大力发展多种层次、多种形式的高等教育和积极发展中等职业教育，以培养不同层次科技专门队伍，其中包括各学科学术带头人和大量的高水平的高级专门人才，以及众多的中级科技人才。这是新的科技队伍的培养。

第三，要十分重视对现有的科技专门人才继续教育，使现有的科技专门人才改变知识老化，恢复和发展科技活力，更好地为实现经济振兴贡献力量。

从我自己局部的调查和观察，十届三中全会以来，上级领导及高等学校领导对学校教师的继续教育是较为重视的，抓得也是比较紧的。绝大多数教师本身也积极要求学习提高，否则将难以胜任学校的教学、科研任务。教师们学习的机会现在很多，到国外学习，到国内兄弟大学的培训班学习，学校内部也开出长期的或短期的各种培训班以满足学习提高的要求。但高等学校对工厂科技人员的继续教育，几年来只做了一些零星工作，帮助是不够的。

大多数工厂现在主要是在进行经济管理体制上的改革，新产品亦在试制，但对先进技术的要求，还不那么高。因此，对工厂技术人员改变知识老化，加快知识更新，目前压力还不太大，对继续教育还不够重视。但是我相信，不久的将来，这个压力是会大起来的。

过去我们工厂是上级下达生产计划，产品由国营商业部门统购包销。产品落后，质量不好，不怕卖不掉，积压也没关系，工厂不怕关门。我院过去订购电子仪器，有的运到学校就不好用；有的质量不符合标准，都不能退换，还要照价付款。我们的工业产品，即使是“十年一贯制”，亦不怕没有买主。我们的消费品生产常常不够，购买者只能是工厂生产什么就买什么，要什么价钱就照付。因此工业企业产品不追求高质量，不急于更新换代，不努力降低成本，也没有不能生存的压力，对科技人员知识更新的要求就不大关心了。

现在我国工业企业正在大力抓整顿改革工作，初步改革经营管理，实行各种形式的经营责任制，已有显著的效果，上述的不正常的经济现象已大有改变。但要使我们工业企业面貌有根本性的改变，工业产品能适应国家和人民的需要，就要使质量不断提高，成本日益降低，品种不断增多，产量适当扩大，这些又主要是依靠技术不断进步。工业企业进步靠技术，技术进步靠人才。人才来源第一是工厂原有的科技人员，第二是高等学校或中等专业学校输送毕业生。现在有许多工厂开需要科技人员的单子，眼睛只看新的，以至于现有学校新毕业生的数量不能满足他们的需要，但发挥工厂原有科技人才的作用却相当不够。从国家全局看，对工厂现有科技专门人才继续培养，使他们知识更新提高，比培养新的科技人才，用的人力、物力、财力要小得多，时间也快得多，还可解决青黄不接的问题。

3. 我们应当重视继续教育，但不能照搬美国的做法，我们的社会制度不同，也没有那么多的钱，我们要依照我国情况，走自己的道路。

第一，美国搞继续教育的对象是高等学校毕业生。因为他们继续教育的目标是要使大批的工程师和科学工作者能不断地掌握国际上先进的科学技术，设计制造出国际上先进的产品。而我们继续教育的对象应该是比较广泛的，对高等学校毕业的，要不断继续教育，使他们的科学知识不断更新提高，并使部分科技专家，能攀登国际上科学技术的高峰。但是工农业战线上庞大的中级科技人员队伍，是最渴望进行继续教育的，绝不能忽视他们。这是直接关系到提高我国工农业生产技术水平的一项迫切的光荣任务。

中学教育是高等教育的基础，初中教育是中等职业教育的基础。我国中学教师的业务水平，有少数是很好的，但大多数教师受十年动乱的严重影响，迫切需要培养提高，这是继续教育的一项繁重的任务，也是不能忽视的。

第二，我国没有那么多的经费，搞像美国那样现代化的、庞大的继续教育系统。但是继续教育亦是根本性智力投资，前面已反复说明，必要的投资是不能不用的。我考虑我国搞继续教育的方式，主要的可有下列几种。

（1）办短期培训班，从几周到半年，个别的可延长到一年，教师直接讲授一门课程。这在高等学校里已广泛地办了，已收到较好的效果。以后应多办些工厂科技人员的培训班。

（2）办专用电视教育台，这应该是我国搞继续教育效益最高的手段。现在通用电视台已办不少普及教育节目，再要担负继续教育专题课程节目，已不可能。我觉得应在大城市多办专用电视教育台，课程可有高水平的专门科技节目，亦可有中级科技节目，对象主要是大、中学教师及工厂、科研所的科技人员。在工厂集中地区，还可办电力小的专用电视教育台。

（3）在分散的地区，还可利用函授来进行继续教育。

（4）录像磁带、录音磁带都是进行继续教育的有效工具。

第三，为着更有效地进行继续教育，应该对教育对象进行调查研究，有针对性地开出课程。例如对象是工厂科技人员，应该做如下的调查。

（1）是否感到有知识老化问题？对工作有什么影响？对继续教育的要求和迫切性怎样？

（2）从长远看，要学哪些基础科技知识？

（3）从当前的工作看，迫切要学哪些科技知识？或什么专门课程？

（4）希望采取什么学习方式？业余或脱产？时间可以多长？

（5）希望用什么形式：集体开讲座？用电视教育台？用录像磁带？录音磁带？

任何重大、复杂的工作，绝不是“单一化”所能搞好的，这应该是事物的发展规律。教育也是一样，应该是多种层次，多种类型，多种方法，多种形式，互相配合，才能使教育事业的发展更有利于繁荣经济、振兴中华，更好地为社会主义现代化建设服务。

后记

2007年，我们中标九三学社中央社史研究课题，承担了社创始人之一谢立惠传记的撰写任务。

谢立惠一生颇具传奇色彩。受其表兄何谦堂、伯父谢叔骞，同学顾衡、汪楚宝（后改名汪季琦）等人的影响，面对旧中国半封建半殖民地社会，面对腐败无能的反动黑暗统治，他积极探索救国真理，接受革命进步思想，追求民族独立与人民解放。他先后加入“中华自然科学社”、“大地社”（中国共产主义青年团的外围组织），1932年秋加入中国共产党，组织“朝曦读书会”，引导李静一、蔡柏等人走上革命道路。1934年因上级党组织遭受敌人破坏，他与地下党组织失掉联系。在抗日战争时期和解放战争时期，他继续参加革命活动，作为党外人士，自觉接受中国共产党的领导，先后加入重庆自然科学座谈会、民主科学座谈会，积极投身抗日民族统一战线；他参与发起九三学社、中国科学工作者协会，积极参加并组织与国民党反动统治的斗争。新中国成立以后，他长期担任九三学社中央、地方组织领导职务，并积极争取、恢复了中国共产党党籍。

他有非常高的学术造诣，是我国雷达最早的研制者之一，曾为提高新中国高校电子理论教学水平、培养高素质电子科技人才，做出了突出贡献。他淡泊名利，曾两次由高校行政领导正职调整为副职而无怨无悔，依旧忘我地工作，为推动高等学校教育体制与教学改革献计出力、积极作为。

能为这样一位德高望重的九三学社老一辈领导人撰写传记，对于我们来讲，是一个非常好的学习过程。通过《谢立惠传》的撰写，我们对老一辈九三学社领导人与中国共产党肝胆相照、荣辱与共、风雨同舟的光辉历程，对他们的学识人品有了更加深刻、更加贴切的认识，对九三学社成立的历史背景、过程、演进等加深了理解，并由衷感受到，接受中国共产党的领导，走中国特色社会主义政治发展道路，无疑是包括九三学社在内的中国各民主党派老一辈领导人做出的正确抉择，是各民主党派的正确抉择，是每一个九三社员应有的自觉。

为了写好《谢立惠传》，我们曾到重庆大学、西南大学踏寻他的足迹，多次到成都电子科技大学和九三学社四川省委、成都市委采访谢老的家人、同事、学生，到安徽合肥寻踪第六女中旧址、旧城墙等他曾经工作、战斗、生活过的地方……谢老是一位勤于写作、注意收藏的学者，保存了大量回忆手稿、会议材料讲稿，参加全国人大、全国政协的议案提案，为我们的撰写提供了非常珍贵的第一手资料。书中涉及谢老回忆，均出自其珍藏。

撰写工作得到谢老亲属朱传秀、何世湘及子女谢慧琼、谢慧瑗、谢云荪等的大力支持，他们提供了文字、图片资料，帮助审订稿件，提出了许多修改意见；九三学社中央副主席邵鸿、研究室主任岳庆平指导写作工作，社中央夏德美、李胜，学苑出版社方晓喆等人提出建议；谢老生前同事顾德仁、陆世昌、胡渝、漆再钦等，及《重庆大学校史》编委等有关方面接受采访，提供资料；九三学社重庆市委给予了大力支持和帮助，特别是得到九三学社中央副主席、社市委主委谢小军自始至终的关心和鼓励。在此，向各位领导和同志们表示衷心感谢。

本书在编写过程中，收入了其他同志的回忆资料，恕不一一列出，在此，一并致以最诚挚的谢意。

陈义华　郭　祥

2012 年 2 月